MAÎTRISER SON DESTIN

Couverture
- Maquette:
  GAÉTAN FORCILLO

Maquette intérieure
- Conception graphique:
  JEAN-GUY FOURNIER

DISTRIBUTEURS EXCLUSIFS:

- Pour le Canada:
  AGENCE DE DISTRIBUTION POPULAIRE INC.*
  955, rue Amherst, Montréal H2L 3K4 (tél.: 514-523-1182)
  *Filiale de Sogides Ltée

- Pour la France et l'Afrique:
  INTER-FORUM
  13, rue de la Glacière, 75013 Paris (tél.: 570-1180)

- Pour la Belgique, la Suisse, le Portugal, les pays de l'Est:
  S.A. VANDER
  Avenue des Volontaires, 321, 1150 Bruxelles (tél.: 02-762-0662)

Josef Kirschner

MAÎTRISER SON DESTIN

**La route à suivre
pour prendre son sort en main
et cesser de dépendre des autres**

Traduit de l'allemand
par
Normand Paiement

 le jour,
éditeur

**Du même auteur
chez le même éditeur:**

L'art d'être égoïste
Vivre heureux avec le strict nécessaire

Ce livre a été publié en allemand sous le titre:
Hilf dir selbst, sonst hilft dir keiner
chez Droemer Knaur Verlag Schoeller & Co., Locarno

*Bibliothèque nationale du Québec
Dépôt légal — 1er trimestre 1984*

ISBN 2-89044-158-X

À tous ceux qui souhaitent prendre leur vie en main et cesser de dépendre des autres.

Il vaut mieux prendre son sort en main que de toujours se laisser influencer par les autres.

Les gens cherchent à nous influencer dès les premiers instants de notre vie. Certains veulent que nous soyons des enfants sages, des élèves dociles, des époux travailleurs et consciencieux, ainsi que de braves citoyens. D'autres veulent faire de nous des consommateurs abrutis, des électeurs fidèles, ou encore des partisans stupides et crédules.

Ils sont légion, ceux qui prétendent ainsi nous en remontrer. C'est-à-dire nous montrer à faire autre chose que ce que nous désirons vraiment. Ils n'ont d'autre but, en fait, que de nous obliger à renier ce que nous sommes au plus profond de nous-mêmes. Pour ce faire, ils se servent — et se serviront jusqu'à la fin de nos jours — presque exclusivement d'une technique hautement éprouvée: le chantage et l'intimidation.

Il suffit de penser à la formule chère à tous ceux qui cherchent à influencer nos comportements: « Si tu ne fais pas ce que je te demande, tu vas le regretter. Mais si tu obéis, une récompense t'attend. »

Nous savons tous par expérience à quoi ressemblent ces punitions et ces récompenses. Les parents administrent des fessées à leurs enfants et les privent de marques d'affection, ou bien ils leur donnent de l'argent de poche. Les adultes, eux, doivent très souvent souffrir des comparaisons désobligeantes avec les confrères plus dévoués et plus zélés qu'on leur cite en exemple.

La technique de l'intimidation pratiquée à la maison par les parents, l'école l'a reprise en toute légalité, et l'État l'applique systématiquement dans tous ses rapports avec les citoyens. Par conséquent, ce qui fait l'affaire des gouvernements est aussi pratique courante en milieu de travail. Et il existe autant de méthodes d'intimidation et de chantage qu'il y a de gens qui les utilisent. En fait, il n'existe aucun domaine ni aucune phase de la vie où les autres n'exercent pas de pressions sur nous dès que l'occasion s'en présente.

Mais qui sont donc tous ces maîtres chanteurs? La réponse est simple, puisqu'ils se trouvent partout autour de nous:

- Les parents, qui rêvent sans arrêt de nous voir ressembler à l'image qu'ils se font de nous.
- Les enseignants, qui nous demandent toujours de nous tenir tranquilles.
- Les fonctionnaires et tous ceux qui détiennent l'autorité au nom des pouvoirs publics.
- Les propagandistes de toute espèce, qui affectent, aussi bien en publicité qu'en politique, de parler au nom de la majorité.
- Tous ceux qui détiennent une autorité quelconque en certaines matières, tels les médecins, les technocrates, les savants ou les chefs de service.
- Sans oublier notre conjoint, qui cherche à nous influencer constamment au gré de ses intentions.

Comme vous pouvez le constater, nous faisons tous partie de l'une ou l'autre de ces catégories d'intimidateurs. En fait, nous sommes à la fois victimes et maîtres chanteurs. Les méthodes que nous avons subies en tant que victimes, nous les utilisons à notre tour en tant que maîtres chanteurs. Cela n'a d'ailleurs rien de surprenant — on ne nous a pas appris mieux.

Car c'est au nom du bien commun qu'on nous mate dès l'enfance notre esprit d'indépendance, qu'on force notre imagination à parcourir des sentiers battus et qu'on brise notre esprit d'initiative. Il n'y a rien, en fait, qui ne se justifie pas au nom du bien-être général. Quand l'individualisme dérange, par exemple, on se contente de le réprimer au nom du bien commun. Quelles que soient les personnes qui cherchent à nous influencer et quels que soient les arguments que ces dernières invoquent, elles le font inévitablement à nos dépens. Ce sont toujours elles qui ont raison, et nous qui avons tort.

Existe-t-il pour nous une seule chance d'échapper à cette oppression permanente, et d'arriver à mener une vie un tant soit peu autonome? Oui, cette chance existe bel et bien. Toutefois, elle n'existe que pour ceux qui sont prêts à relever des défis et à prendre les décisions qui s'imposent. Et j'insiste là-dessus, car la plupart des gens se contentent de vivre uniquement le genre de vie que les autres les autorisent à vivre. Ils se sont habitués à se conformer au moule de la moyenne. Ils recherchent avant tout la sécurité, et croient pouvoir la trouver dans la médiocrité.

Surtout ne pas agir différemment des autres, ne jamais prendre de risques et savoir préserver les privilèges acquis, même s'il faut se prostituer pour ce faire. Toujours nager dans le sens du courant et faire comme en a décidé la majorité. Tels sont les principes de vie de la masse des gens, de cette majorité silencieuse à qui on a fait croire qu'elle détenait tous les pouvoirs.

Cependant, si vous désirez profiter pleinement de cette courte vie qui vous est accordée, ne vous attendez pas à voir quelqu'un vous venir en aide. Car personne ne pourra être libre et heureux à votre place, personne ne pourra jouir ni réussir pour vous!

Et cela n'a rien d'étonnant. Car une personne heureuse, libre, épanouie, autonome, une personne qui refuse de se laisser impressionner ou intimider, rompt automatiquement ses liens de dépendance avec ceux qui veulent lui imposer leurs points de vue.

Les autres n'ont plus d'emprise sur cette personne. Il leur devient impossible de la manipuler au gré de leur fantaisie et de leurs intérêts. Cette personne agit d'après ses propres directives et non plus selon celles des autres.

Il n'est bien sûr pas facile de se défaire de l'influence sans cesse présente de nos éducateurs. Mais il existe très certainement des milliers d'hommes et de femmes qui rêvent d'acquérir leur indépendance face au monde extérieur. Tout ce qui leur manque, c'est bien souvent le coup de pouce initial qui leur fera prendre le départ. Mais il arrive également que ces gens-là se sous-estiment ou qu'ils surestiment les difficultés qui les attendent.

Si vous êtes de ce nombre, désireux de connaître les méthodes et les techniques qui vont vous permettre de franchir les difficultés et d'atteindre vos objectifs, vous avez en main le livre qui peut vous indiquer la route à suivre. En fait, vous y trouverez un programme complet conçu pour vous aider à prendre votre sort en main et à cesser de dépendre des autres.

Quelques remarques pour vous permettre de tirer pleinement parti de votre lecture

Ce livre n'a aucune prétention pédagogique, bien au contraire. Les livres de nature pédagogique s'efforcent généralement d'endoctriner les gens dans le but de faire d'eux ce que certains veulent faire d'eux. Ce livre-ci n'a, quant à lui, d'autre but que de vous fournir la possibilité de faire vous-même votre apprentissage de la vie.

Ceux qui confient leur sort à des organismes et éducateurs de toute espèce ont tout simplement besoin de se faire dire quoi faire ou quoi penser. Cela leur permet, en cas de besoin, de rejeter la responsabilité de leurs actes sur les épaules de leurs protecteurs, auprès de qui ils peuvent chercher refuge et assistance. À condition, évidemment, de se soumettre à l'autorité et de rentrer sagement dans le rang.

Il semble que nous vivions à une époque où il fait bon se sentir protégé au sein de la communauté. Mais ce n'est là qu'apparence trompeuse. Car au sein de la société, les gens sont davantage dressés les uns contre les autres que portés à s'entraider. Et il faut être bien naïf pour croire le contraire.

D'un autre côté, aucune époque n'a autant que la nôtre montré l'impuissance de nos dirigeants, ainsi que des différents organismes qui nous gouvernent. Il devient de plus en plus évident que tous ceux qui nous promettent la paix, le bonheur et le bien-être sont eux-mêmes désemparés face aux événements qui affectent nos sociétés.

Ce livre a donc été écrit à l'intention de tous ceux qui veulent dès à présent s'aider eux-mêmes, afin qu'ils ne regrettent pas un jour de n'avoir jamais rien entrepris en ce

13

sens. Et afin qu'ils ne souffrent pas de l'abandon de ceux qui leur avaient promis refuge et assistance.

Ce livre se divise en neuf leçons. Chacune d'elles aborde un thème différent, avec comme but de vous aider chaque fois à vous prendre un peu plus en main. Plus particulièrement, chaque leçon vous encourage à prendre conscience d'un problème donné et de ses nombreuses implications dans votre vie de tous les jours. Des solutions pratiques à ces problèmes vous sont proposées par la même occasion.

Il est cependant important de noter que ce livre ne se contente pas de vous donner de bons « tuyaux » sur la manière de vous débarrasser, par exemple, de certaines habitudes néfastes. Au contraire, il élabore un programme qui veut toucher à tous les domaines essentiels de la vie.

Une fois que vous l'aurez adapté à votre propre vie, vous devriez être en mesure de prendre votre sort en main sans difficulté. Une fois que vous maîtriserez les principes fondamentaux de l'art de s'aider soi-même, il vous sera possible de:

- cesser de fumer;
- remettre de l'ordre dans votre ménage ou mener à terme une séparation devenue nécessaire;
- maîtriser votre peur des examens;
- planifier adéquatement votre avenir;
- et bien plus encore.

Peu importe qui vous êtes, ce que vous êtes, ou l'âge que vous avez, la chose est possible. Surtout ne vous laissez pas démonter par un argument tel que: « À mon âge, il est déjà trop tard pour changer. » Supposons, par exemple, que vous venez d'avoir soixante-dix ans et que vous espérez vivre encore quelques années. Ces années, pourquoi ne pas prendre les moyens pour qu'elles vous apportent le plus de bonheur et de liberté possible? Car une des grandes erreurs de notre époque, c'est de croire qu'il faut absolument faire les choses en grand pour qu'elles soient prises au sérieux. Seuls comptent dans notre esprit les promesses, les propos ou les idées grandiloquentes. Nous aimons « penser à l'avenir », « nous faire du souci pour le reste de l'humanité » ou « espérer mener un jour la vie de château ».

Or, il faut apprendre à revenir à la réalité. Il faut apprendre à apprécier le temps qui passe et à tout mettre en oeuvre pour vivre libre et heureux quotidiennement. À la fin de nos jours, notre vie aura par conséquent été vraiment heureuse et remplie.

Ce livre traitera donc de ce sujet en profondeur. Toutefois, le lecteur ne doit pas s'attendre à y trouver de recettes toutes faites. Le programme qui suit vous incite au contraire à faire vos propres réflexions et à tenter vos propres expériences, même si vous devez vous tromper.

Aucune des neuf leçons contenues ici n'est bâtie de manière rigide ou systématique. Les idées principales y sont plutôt formulées à plusieurs reprises et éclairées sous différents angles, afin qu'en ressortent bien toutes les implications. Après tout, c'est encore à force de pratique et de répétition patientes qu'on arrive à se défaire de vieilles habitudes et à en gagner de nouvelles!

Mais que peut bien signifier: « prendre son sort en main »? Je veux dire par là: se défaire des idées préconçues et des contraintes qu'on nous a imposées depuis l'enfance, mais qui ne correspondent pas à notre propre conception des choses et de nous-mêmes. En d'autres termes, prendre son sort en main équivaut à se libérer de toute entrave pour mieux s'épanouir.

Pour ce faire, il faut satisfaire à deux exigences fondamentales:

1. *Préciser ses objectifs*. Savoir ce que l'on veut et de quelle manière on compte l'obtenir.

2. *Passer à l'action*. Connaître les moyens et les procédés par lesquels nos idées vont se transformer en réalité et les mettre en pratique.

Tout au long de votre lecture, vous apprendrez comment satisfaire à ces deux exigences. Toutefois, vous ne rencontrerez ici aucune explication scientifique à ce sujet, ce livre n'ayant pas la prétention de se vouloir un ouvrage de science. Il est bien plus le fruit de mes réflexions à partir de mes propres expériences. Or, les expériences pratiques ne s'appuient sur aucune thèse ni aucun dogme: elles se vivent. Aussi, la question qui se pose vraiment est de savoir: comment peut-on faire face aux difficultés de la vie? Craignons-nous d'affronter l'inconnu? Ou, au contraire, sommes-nous préparés à affronter en toute confiance même les pires coups du sort?

Tout comme mes précédents ouvrages, *Maîtriser son destin* veut vous inciter à prendre connaissance de ce que vous êtes réellement, et vous encourager à en tirer le meilleur parti possible jusqu'à la fin de vos jours.

Un an après la parution de *L'Art d'être égoïste**, j'ai reçu une lettre d'un lecteur de Salzbourg, qui disait: « Cher Monsieur Kirschner, je viens de terminer la lecture de votre livre. Je ne suis pas d'accord avec toutes vos idées, mais certaines d'entre elles s'appliquaient de façon très pertinente à ma propre situation. Et cela a suffi à transformer ma vie à tel point que je pourrai à l'avenir me passer de tous vos bons conseils! »

Cette lettre m'a particulièrement réjoui, car rien ne m'attristerait davantage que de savoir qu'il existe ne serait-ce qu'un seul lecteur en admiration devant ma prose entière! J'ose donc espérer, cette fois-ci encore, qu'une ou deux lettres de ce genre se retrouveront bientôt dans mon courrier.

---

* Il s'agit, bien sûr, de la version originale de cet ouvrage, parue dans les pays de langue allemande il y a quelques années déjà. (N.D.T.)

Pour terminer cette présentation, j'aimerais encore attirer votre attention sur certains points:

● En étudiant ce livre, prenez tout votre temps. Dès qu'une suggestion ou un conseil vous semblent intéressants, ne remettez pas à plus tard l'idée de les mettre en pratique. N'attendez pas à demain! Mettez immédiatement le livre de côté, et commencez à faire vos propres expériences. Peu importe que vous reveniez à votre lecture dans une heure ou dans une semaine seulement. Ce qui compte, ce sont les expériences que vous aurez faites entre-temps.

● Ce livre n'a pas la prétention de vous « apprendre » quoi que ce soit, et il n'a pas pour but de vous mettre en compétition avec vos semblables. Si, au cours de votre lecture, telle expression ou telle formulation vous donnait l'impression de vous pousser à agir contre votre gré, ne vous en laissez tout simplement pas imposer. Il serait en effet absurde d'inciter les gens à se libérer des contraintes du monde extérieur en leur dictant des comportements tout aussi contraignants! Par conséquent, écoutez votre imagination, appuyez-vous sur vos convictions personnelles et affrontez dans la joie les difficultés de la vie, et vous réussirez peu à peu à vous débarrasser des chaînes avec lesquelles les autres cherchent à vous retenir prisonnier.

● Cependant, n'oubliez jamais ceci: plus vous souhaiterez vivre libre et heureux, plus vous devrez faire d'efforts en ce sens. Il existe en effet des techniques pour vous permettre de « vous prendre en main » de manière très efficace, mais vous devrez les pratiquer régulièrement si vous voulez qu'elles produisent leurs effets. Car pour surmonter les difficultés de la vie, il faut être « en forme » et s'entraîner par conséquent tous les jours à être heureux.

Première leçon

Cette première leçon a pour but de vous familiariser avec un petit exercice qui dure tout au plus trois ou quatre minutes. Cet exercice se compose de trois parties distinctes:

1. Vous vous installez le plus confortablement possible.
2. Vous régularisez votre souffle et comptez un total de 20 respirations.
3. Vous laissez le calme et la paix vous pénétrer.

Pendant ces quelques minutes que vous prendrez tous les jours pour vous couper complètement du monde extérieur, vous ne manquerez pas de faire d'étonnantes observations!

Pourquoi les gens vivent-ils rarement comme ils le voudraient?

Je connais un homme chez qui on a décelé, au cours d'examens médicaux approfondis, six graves problèmes de santé. On lui a fortement conseillé de cesser de fumer, de perdre quelques kilos, de ne plus toucher à certains mets, de marcher au moins une heure chaque jour, etc.

Pensez-vous que cet homme met tous ces conseils en pratique? Pourtant il aimerait bien le faire et il est le premier à regretter amèrement de ne pouvoir y arriver. Tous les soirs, il se promet de s'y mettre dès le lendemain et de cesser de fumer pour de bon.

Mais le matin, il allumera la première des trente ou quarante cigarettes qu'il fumera encore dans la journée. Il n'arrive pas non plus à réserver une heure à une marche de santé. La raison qu'il en donne: « Ce n'est pas l'envie qui me manque, c'est le temps. »

Son cas n'est pas encore chronique, mais ce n'est qu'une question de quelques années avant qu'il se retrouve dans un sanatorium; il lui faudra bien constater alors qu'il a tout le temps voulu pour s'occuper de sa santé pour la simple raison qu'il sera obligé de le consacrer à sa guérison. Reste à savoir si cela lui sera encore vraiment utile.

Et pourtant, cet homme fait preuve d'un dynamisme et d'une ténacité extraordinaires. Au cours des dernières années, il a réussi à faire grimper le chiffre d'affaires de son entreprise de 360%! Il n'y avait rien pour l'arrêter. Malgré tout, il est incapable de perdre quelques mauvaises habitudes, dont il sait pertinemment qu'elles le conduiront tôt ou tard au cimetière, ou du moins dans une maison de repos.

Comment se fait-il que cet homme, comme beaucoup d'entre nous d'ailleurs, soit en mesure d'accomplir, grâce aux pressions du monde extérieur, des performances des plus remarquables, alors qu'il ne parvient même pas à prendre soin de sa propre personne?

Cela tient simplement au fait que nous accordons plus d'importance aux influences extérieures qu'à nous-mêmes. C'est pourquoi nous nous mentons généralement à nous-mêmes de manière bien plus irréfléchie qu'aux autres. Au fond, rien d'étonnant à cela, puisqu'on ne nous a appris à avoir de respect que pour les autres. Car qui s'est soucié de nous enseigner le respect de notre propre personne? On nous a parfois signalé qu'il était nécessaire d'avoir un certain amour-propre, mais c'était généralement à travers des remontrances dans le genre: « Tu n'as donc aucune dignité? aucune estime pour toi-même? aucun amour-propre? »

Voilà autant de notions que les gens font apparaître comme par magie dès qu'ils espèrent de cette manière obtenir quelque chose de nous. Ils escomptent que nous réagirons comme prévu devant ces lieux communs qu'ils invoquent quand bon leur semble. Comme prévu, c'est-à-dire spontanément, sans réfléchir et sans nous demander: « À quoi toutes ces notions peuvent-elles bien me servir? Si je réagis 'comme prévu', est-ce que ce ne sera pas à mon propre détriment? »

L'aîné de mes fils a récemment eu des difficultés dans ses cours de français*. Il est donc venu me trouver en me disant: « Papa, veux-tu avoir la gentillesse de me gronder

---

* Français langue étrangère, puisque les Kirschner sont de langue maternelle allemande (N. D. T.)

pour que je me mette dans mes livres pour de bon? Tout seul, je n'y arrive pas. » Il avait besoin que j'exerce des pressions sur lui du haut de mon autorité, puisqu'il lui manquait la conviction nécessaire pour se prendre lui-même en main.

À son âge, j'étais exactement comme lui. Il m'a d'ailleurs fallu beaucoup de temps pour saisir toutes les conséquences qu'une telle attitude pouvait avoir dans ma vie. Voici le fruit de mes réflexions à ce sujet. Cela pourrait vous être utile!

1. Toute notre éducation nous a conditionnés à adopter les idées et les points de vue de ceux qui détiennent l'autorité sur nous. Les pressions et les menaces qu'ils exercent constamment sur nous constituent de vigoureux stimulants de nos actions. Et si nous nous soumettons à une discipline, c'est uniquement pour éviter leur désapprobation, ou encore les punitions qu'ils nous réservent.

2. Mais dès que ces pressions extérieures disparaissent (par exemple, quand nous désirons réaliser des choses uniquement pour nous-mêmes), il s'ensuit que plus aucune peur ne nous pousse à l'action. Car qui aurait encore intérêt à nous engager à faire des choses qui nous plaisent, s'il n'a lui-même rien à y gagner? Par conséquent, du moment que nous sommes responsables de nos actions uniquement envers nous-mêmes, il ne se produit en général à peu près rien de ce que nous souhaiterions, pour la bonne raison que nous sommes incapables de faire preuve d'autorité envers nous-mêmes.

3. Autrement dit, nous sommes impuissants à remplacer les méthodes de chantage et d'intimidation en usage autour de nous par une technique

tout aussi efficace de prise en main personnelle. On nous a habitués à vivre et à agir sous la menace. Dès que celle-ci disparaît, notre motivation à l'action nous fait soudain défaut.

Vu l'importance que cela pourra avoir sur votre comportement futur, ces quelques réflexions m'amènent à déduire que:

— Si vous souhaitez vous libérer des pressions extérieures et des conditionnements que vous a transmis votre éducation, vous devrez absolument faire usage d'une technique qui vous permettra de vous prendre en main de manière à tout le moins aussi efficace.

— Plus vous souhaitez acquérir de liberté et d'autonomie face aux pressions exercées sur vous, mieux vous devrez apprendre à maîtriser cette technique.

Nous ne craignons généralement pas de consacrer le temps et les efforts nécessaires à l'acquisition d'une habileté nouvelle, mais lorsque vient le moment d'acquérir une habileté qui nous permettrait de mener une vie plus conforme à nos désirs, nous préférons croire que cela ne nous coûtera aucun travail. Cette insouciance a, malheureusement, des répercussions profondes sur nos vies, puisqu'elle accroît irrémédiablement notre dépendance d'autrui. Comme notre personnalité s'en trouve alors affaiblie d'autant, nous finissons par renoncer à satisfaire nos besoins véritables. Nous laissons les autres décider à notre place de ce qui nous convient ou non. Nous perdons confiance en nos propres moyens et nous résignons finalement à rentrer dans le moule de la moyenne.

Tout cela rend un son très pathétique et pour le moins exagéré, me direz-vous. Peut-être est-ce pathétique, en effet, mais je vous assure que je n'exagère pas. Quand vous aurez pris conscience de ce qui se passe réellement autour de vous, peut-être comprendrez-vous alors jusqu'à quel point vous êtes prisonnier de votre milieu. Et ce sera encore plus évident quand vous aurez commencé à vous occuper sérieusement de vous-même et à faire face courageusement à vos problèmes.

Nous disions donc: « Si vous souhaitez vous libérer des pressions du monde extérieur et des conditionnements reçus, vous devrez absolument apprendre une technique qui vous permettra de vous prendre en main tout aussi efficacement. »

Qu'est-ce que cela peut bien signifier? Simplement ceci: pour prendre votre sort en main, vous devrez vous fixer des objectifs précis et apprendre à les réaliser progressivement en passant du rêve à l'action. Trop de gens voient malheureusement leurs rêves s'envoler en fumée parce qu'ils sont incapables de les concrétiser. Ils échouent justement parce qu'ils n'ont pas le souci du détail et parce qu'ils sont incapables de faire preuve de discipline dans les moments décisifs. Au lieu de passer à l'action, ils refusent d'affronter la réalité.

Dès les prochains paragraphes, vous pourrez faire le premier pas vers la prise en charge de votre destin. Ce ne sera d'ailleurs qu'un tout petit pas... mais ne sous-estimez pas son importance!

Il suffit de vingt respirations tous les matins pour arriver à maîtriser sa vie.

L'exercice dont il est ici question dure environ trois minutes, parfois quatre ou cinq. Faites-le de préférence le matin et, si possible, toujours à la même heure. Par exemple, un peu avant le petit déjeuner.

Il est même probable que vous aurez bientôt envie de répéter cet exercice plusieurs fois par jour. Ne vous en privez surtout pas, que ce soit avant les repas, avant de commencer un travail, de lire le journal ou de partir en auto. Voici en quoi il consiste:

Premièrement:

Assoyez-vous le plus confortablement possible. Ne vous contentez pas d'être simplement bien assis: prenez la position la plus confortable, compte tenu, bien sûr, des circonstances.

Deuxièmement:

Régularisez votre respiration. En temps normal, vous respirez sans vous en rendre compte. Le but est ici de vous rendre conscient de ce mécanisme.

Par conséquent, vous allez maintenant, à trois reprises, aspirer très fortement, puis expirer encore plus fortement et complètement — s'il n'y a personne autour de vous, évidemment! Dans le cas contraire, et pour ne pas attirer indûment tous les regards sur vous, contentez-vous de régulariser immédiatement votre respiration comme suit:

Aspirez doucement l'air par le nez, soit le temps qu'il vous faut pour compter jusqu'à quatre. Pendant ce temps, vous suivez en pensée le trajet que l'air emprunte à travers vos poumons, jusque dans la région du nombril.

Attendez ensuite calmement quelques instants, puis expirez lentement par la bouche, en prenant le double du temps qu'il vous a fallu pour l'inspiration.

Faites à nouveau une courte pause avant de recommencer. Au total, comptez vingt respirations, mais sans vous fatiguer. Évitez d'être tendu ou crispé.

Troisièmement:

Pendant que vous régularisez votre respiration, vous laissez peu à peu le calme vous envahir. Non pas à la manière forte, simplement en attendant que le calme et la paix s'installent en vous. Inutile, par conséquent, de vous donner d'ordre intérieur pour tranquilliser votre esprit. Continuez plutôt de respirer de manière détendue et le calme s'établira progressivement en vous.

Inutile de dire que ce qui se passe autour de vous et les tracas qui vous attendent par la suite doivent en ce moment vous laisser complètement indifférent! Vous devez oublier totalement tous les soucis qui vous accablent, même s'ils sont sérieux.

Précisons que cet exercice ne dérive pas du yoga ni d'aucun autre système particulier. En réalité, nombreux sont ceux qui ont adopté semblable technique simplement après avoir pris conscience du rôle que la respiration joue dans la vie. Mais comme elle est machinale, la plupart des gens finissent malheureusement par en oublier l'existence.

Ce qui n'est pas tout à fait mauvais, si on songe que la respiration est meilleure quand on la laisse se régulariser d'elle-même. Le problème vient cependant de ce que nous respirons mal pour la plupart. Faute d'avoir appris à respirer correctement, notre souffle manque trop souvent de calme et de profondeur. Cela tient sans doute à notre ignorance du rôle que joue la respiration, non seulement dans la santé du corps, mais dans celle de l'esprit également.

Ainsi, il existe en Chine de nombreux sanatoriums, dans lesquels on soigne les malades au moyen de techniques de respiration très raffinées, héritées de traditions millénaires. Certaines de ces techniques permettent de soigner des patients atteints de maladies aussi diverses que la tuberculose, l'hépatisme, les dépressions nerveuses, etc. La plupart des patients de ces établissements ne sont d'ailleurs pas de simples vacanciers en cure de repos, mais bien des gens que la médecine moderne considère comme incurables!

Évidemment, tout cela peut ressembler à du charlatanisme. Cela tient sans doute à ce que nous sommes habitués à ne considérer comme « sérieuse » que la médecine qui fait appel à une instrumentation compliquée, qui pratique de difficiles opérations, ou qui prescrit des médicaments qui coûtent les yeux de la tête. Mais peut-être changerez-vous un jour d'avis, quand vous vous serez exercé suffisamment longtemps à prendre conscience de votre propre respiration. C'est-à-dire, quand vous aurez appris à respirer correctement, même inconsciemment, et que vous comprendrez par l'expérience qu'il existe des liens très étroits entre la respiration et la santé physique et mentale.

Au début, quand je me suis mis à pratiquer le petit exercice de détente décrit plus haut, je tenais mordicus à en suivre toutes les instructions à la lettre. Ainsi, dès que la moindre pensée m'effleurait l'esprit et commençait à m'importuner, je m'efforçais de la chasser en me répétant sans cesse: « Que le diable l'emporte, je refuse de me laisser troubler par quoi que ce soit! »

Malheureusement, mon attitude produisait exactement le contraire de l'effet escompté. Plus je me disais qu'il serait parfaitement ridicule de ne pas pouvoir faire taire mon cerveau pendant trois petites minutes, moins j'y parvenais. Mon désir de réussir à tout prix était tellement grand que je me crispais de plus en plus. En réalité, j'avais peur de ne pas réussir une chose qui semblait presque enfantine. J'étais d'ailleurs sur le point d'abandonner et de chercher une excuse quelconque pour justifier mes insuccès répétés.

Peut-être toute cette histoire à propos de trois minutes de silence intérieur vous fait-elle l'effet de quelque charlatanerie sans grand intérêt pour vous? Alors rassurez-vous: je ne pensais pas différemment, il y a quelques années, en lisant les lignes suivantes dans un petit bouquin: « Afin d'atteindre l'état d'harmonie et de paix qui nous permettra d'édifier notre vie de tous les jours, il nous faut obéir à certaines règles. Nous devons d'abord nous installer confortablement, puis régulariser notre respiration. En dernier lieu, nous devons établir le calme à l'intérieur de nous. »

Celui qui a écrit ces lignes s'appelle Shindai Sekiguchi. Il est moine bouddhiste et professeur d'université au Japon. Il est passé maître dans l'art de la méditation. Il a consacré la moitié de sa vie à approfondir les techniques de respiration et de détente, ainsi que les façons de faire régner le calme à l'intérieur de soi. Certaines de ses remarques pourront sans doute vous être utiles.

Ainsi, il dit: « L'exercice déjà mentionné peut porter fruit aussi bien au travail que dans n'importe quelle autre activité. À chaque type de travail correspond une posture idéale. Une fois qu'on l'a adoptée, on régularise sa respiration; on est alors en mesure de se consacrer à sa tâche avec toute la concentration voulue, et d'obtenir par conséquent des résultats remarquables. »

Plus loin il dit également: « Avant de se mettre au travail ou de commencer une activité, nous devrions toujours nous demander quelle est la meilleure position et la meilleure technique respiratoire à adopter en la circonstance; puis, nous devrions prendre place comme convenu. »

Enfin, il ajoute: « C'est souvent parce que le corps est dans une mauvaise posture que l'esprit est impuissant à se libérer des pensées qui le distraient. »

J'imagine sans peine que tout cela doit vous paraître assez singulier. De fait, très peu d'entre nous avons l'habitude de « régulariser notre respiration », d'« établir le calme et la paix intérieure » ou de « libérer notre esprit de toute forme de pensée ». L'agitation de tous les jours nous est bien davantage familière, à tel point que nous la jugeons indispensable pour nous permettre de remplir nos trop nombreuses obligations.

Nous nous démenons comme de beaux diables pour tâcher de satisfaire de notre mieux aux exigences de nos semblables. Nous sommes constamment préoccupés de trouver le moyen de résoudre nos problèmes ou de masquer aux autres nos défaillances. Nos pensées sont chargées de colère, d'espoir et parfois même d'amertume.

Et voilà qu'il faudrait maintenant s'asseoir sans bouger, respirer calmement et laisser la paix nous envahir? C'est un peu fort! Et pourtant, savez-vous ce que ce petit exercice de détente peut faire pour vous, si vous le pratiquez au moins une fois par jour? Il vous permet, pendant quelques minutes, d'accomplir en toute liberté ce que personne ne peut vous obliger à accomplir, parce que vous n'avez de compte à rendre à personne. Mais, par-dessus tout, il vous permet de prendre une initiative qui vous sera profitable à plus d'un point de vue:

- En vous faisant prendre de plus en plus conscience de votre vie intérieure et de son importance par rapport au monde extérieur. Bientôt, vous ne sentirez probablement plus le besoin de vous « produire en spectacle » devant vos semblables, ou de craindre les réactions de votre entourage.

- En favorisant (du moins pendant ces quelques minutes) une plus grande harmonie entre votre corps et votre esprit, ainsi qu'avec votre âme ou, si vous préférez, avec votre « moi ». Vous prendrez ainsi conscience des liens qui unissent étroitement des choses que l'on prend souvent pour acquises, mais dont l'équilibre harmonieux, lui, ne va pas de soi.

● En vous empêchant, au moins une fois par jour, de fuir la réalité et de vous fuir vous-même. De cette manière, tout ce qui avait quelques instants auparavant une importance capitale dans votre esprit vous devient soudain complètement indifférent. Peu à peu, vous en viendrez ainsi à jeter un regard neuf sur la signification de bien des choses.

Attention cependant: tout cela ne peut se réaliser que si vous pratiquez cet exercice consciencieusement. Si vous vous contentez de le faire à moitié, en pensant à autre chose, vous n'en retirerez aucun résultat concret. Et si vous vous contentez de le pratiquer pendant quelques jours, pour tout laisser tomber par la suite, vous n'y gagnerez rien non plus. Cela va peut-être vous paraître exagéré mais, en fait, cet exercice ne vous sera réellement profitable que si vous le pratiquez jusqu'à la fin de vos jours. Oui, je le répète, afin que ce soit bien clair: *jusqu'à la fin de vos jours*. Même si tout ce qui doit suivre pour bien l'expliciter vous laisse parfaitement indifférent.

Et maintenant, peut-être vous faut-il une dernière stimulation pour vous décider à vous y mettre? Alors la voici:

1. Assoyez-vous confortablement. Bougez sur votre siège jusqu'à trouver la position dans laquelle vous êtes vraiment le plus à l'aise. Si vous préférez rester debout ou vous étendre sur le sol, libre à vous. Rien ne vous empêche non plus de marcher tout en faisant cet exercice.

31

2. Respirez profondément, trois fois de suite. Puis, régularisez votre respiration: inspirez en faisant pénétrer l'air jusqu'au niveau de votre nombril, faites une courte pause et expirez lentement. Recommencez.

3. Pendant que vous comptez le nombre de vos respirations, laissez le calme s'installer en vous. Ne cherchez pas à lutter avec les pensées qui vous viennent à l'esprit: contentez-vous de les regarder passer, sans vous laisser déranger par leur présence.

Et voilà! Mettez maintenant votre livre de côté et commencez à pratiquer cet exercice avant même de poursuivre votre lecture!

Avez-vous déjà remarqué combien d'idées saugrenues vous viennent à l'esprit en trois minutes?

Maintenant que vous avez pratiqué pour la première fois l'exercice proposé dans les pages précédentes, il est fort probable que vous ne savez trop que penser de cette expérience. C'est très compréhensible; dans mon cas, elle avait été plutôt décevante. Mes pensées avaient envahi mon cerveau d'une façon tout à fait inhabituelle et avaient du même coup fait fuir le calme que je recherchais. Les idées les plus saugrenues m'assaillirent à tel point que je songeai sérieusement à renoncer à l'expérience. Je puis cependant dire aujourd'hui, après plusieurs années, que je suis heureux d'avoir persévéré.

Quelques remarques du sage Shindai Sekiguchi m'ont d'ailleurs grandement aidé en ce sens. Il dit: « On constatera qu'il faut un certain temps avant de réussir à faire dix respirations sans songer à quoi que ce soit. Il m'a personnellement fallu trois ans avant d'y parvenir. »

Il dit aussi: « Au cours de cet exercice, toutes les pensées imaginables s'infiltrent en nous. Des souvenirs agréables ou désagréables, des pensées qui vous torturent et vous humilient, des idées que vous aimeriez communiquer à d'autres, etc. »

Le sage japonais constate par ailleurs: « Il est toutefois possible d'endiguer le flot des pensées qui déferlent pendant la méditation, à la seule condition de ne pas lutter trop violemment contre elles. »

Il en fut très longtemps pour moi comme il en sera probablement pour vous au début: je voulais arriver à maîtriser cet exercice le plus rapidement possible. Je considérais qu'il serait parfaitement ridicule de ma part de ne pas réussir à me détendre pendant ces trois minutes. Mais plus je fouettais mon ambition, plus je me crispais, avec pour résultat que je n'arrivais à rien de bon.

Si vous vous croyez obligé d'accomplir quelque chose au cours de cet exercice, vous perdez complètement votre temps. Vous ne feriez que perpétuer l'état de tension dans lequel vous vous trouvez toute la journée, exactement comme lorsque vous devez rendre compte de vos activités à vos supérieurs.

Ici, finies les pressions du monde extérieur! Vous vous détendez et vous relaxez simplement et sans contrainte. Vous n'avez de responsabilité qu'envers vous-même: vous êtes délivré des liens qui vous emprisonnent à longueur de journée.

Tout au cours de ce livre, je ne cesserai d'insister là-dessus, et mes propres expériences serviront d'illustration à ce propos. En pratiquant cet exercice régulièrement, vous franchirez bientôt le seuil qui vous mènera d'une vie docile aux exhortations de votre entourage à une vie où vous prendrez en toute conscience vos propres décisions. Cet exercice deviendra pour vous un rempart de paix et d'harmonie dressé contre l'agitation quotidienne. À force de pratique, vous serez en mesure de vous couper du monde extérieur quand bon vous semblera. Ce ne sont là que quelques-uns des avantages qui vous attendent et qu'il soit possible de décrire en mots. Mais ces mots ne sont rien à côté des expériences que vous avez à faire vous-même dans ce domaine.

Je vous mets cependant expressément en garde contre la tentation d'espérer obtenir ainsi des succès rapides et définitifs. Ne faites pas comme ces personnes qui pensent en finir une fois pour toutes avec leur problème de poids en suivant un régime amaigrissant. Ne faites pas non plus comme de nombreux éducateurs qui jugent que leur travail est accompli le jour où leurs élèves obtiennent de bons résultats. Ou encore, ne croyez pas qu'il suffit d'employer

« la méthode forte », comme le font les gouvernements qui espèrent adoucir les moeurs des automobilistes indisciplinés en augmentant les montants des contraventions.

Nous nous sommes habitués, aussi bien collectivement qu'individuellement, à considérer que des sucès partiels constituent la solution à un problème. Que nous préparions un examen à l'école ou que nous roulions lentement sur la chaussée, nous n'avons qu'une idée en tête: éviter de nous faire prendre en flagrant délit!

Cette manière de faire face superficiellement à la réalité n'arrange bien sûr pas les choses. Elle ne fait que les améliorer temporairement, cependant qu'elle nous permet d'oublier que nous sommes incapables de réaliser des choses à plus long terme, et qui exigent persévérance et ténacité. Or, le petit exercice en apparence insignifiant que je vous recommande avec tant d'insistance a justement comme rôle de vous permettre de vous défaire de ces mauvaises habitudes et de mener une vie plus autonome.

Par conséquent, ne soyez pas trop inquiet si vous n'obtenez pas de succès immédiat. Poursuivez simplement sans relâche l'objectif de vous libérer un jour des pensées qui vous distraient au cours de l'exercice. Ne recourez pas pour autant à votre force de volonté: contentez-vous plutôt de « ne pas lutter trop violemment contre elles », pour reprendre les paroles du maître Sekiguchi.

Il est toutefois essentiel que vous fassiez cet exercice au moins *une fois tous les jours*, et davantage si le coeur vous en dit. Ne tolérez *aucune excuse* pour ne pas le faire.

Ce matin, après un enregistrement en studio*, je suis rentré en train à la maison. Une fois installé confortablement dans mon compartiment, j'ai commencé l'exercice de détente. Mais même s'il m'était devenu une habitude journalière depuis des années déjà, je n'arrivais pas à

_____

*Josef Kirschner est animateur à la télévision allemande, ce qui l'amène à beaucoup voyager. (N. D. T.)

chasser les pensées qui s'entrechoquaient éperdument dans mon esprit. Je songeais au travail que je venais de terminer. Je songeais à la dame assise en face de moi, et qui jetait parfois un regard par-dessus son journal, pour m'observer attentivement.

Je me demandais si je lui plaisais, tout en contemplant à la dérobée ses jambes et sa poitrine. Aussitôt, mes pensées revenaient comme par réflexe vers ma femme et mes enfants. Je me réjouissais à la pensée de les revoir dans quelques heures. Et ainsi de suite.

Je comptai mes respirations, tout en laissant mes pensées vagabonder à leur guise, et je sentis bientôt un délicieux bien-être m'envahir. Plongé dans cet état harmonieux, je cessais tout simplement de lutter contre ce flot de pensées incohérentes. Comme je l'ai dit, il faut faire soi-même ce genre d'expérience pour en saisir toute la portée, et le plus souvent sera le mieux! Viendra alors un moment où, grâce à ces trois minutes de calme et de paix, c'est toute une conception de la vie qui en sera transformée. C'est à ce point évident que j'affirme que:

● si vous pratiquez cet exercice tous les jours, vous aurez bientôt suffisamment de confiance en vous-même et de discipline personnelle pour mener à bien encore plus facilement des projets beaucoup plus ambitieux;

● si vous parvenez au moins une fois chaque jour à vous débarrasser pendant trois minutes de votre nervosité, de vos tensions, de vos obligations, de vos craintes et de vos soucis, vous serez bientôt en mesure de faire face sans broncher à tout ce qui vous empêche de vivre comme vous le souhaiteriez profondément.

Résumé

Le but premier de l'exercice dont il a été question au cours de cette première leçon, c'est de vous permettre de vous détendre. Mais peut-être avez-vous déjà remarqué, après quelques essais, que cet exercice a une portée plus vaste, qu'on peut résumer ainsi:

● Il vous donne l'occasion de faire une halte salutaire au milieu de la précipitation quotidienne qui vous éloigne chaque jour un peu plus de vous-même.

● À condition d'être pratiqué tous les jours, cet exercice vous permet d'accroître votre confiance en vous-même. Cette petite victoire quotidienne sur vous-même vous donnera bientôt assez de foi en vos capacités pour vous inciter à vous attaquer à des tâches plus difficiles.

● Enfin, cet exercice vous aide à vous libérer chaque jour davantage des conditionnements dictés par votre entourage. Pour un exercice insignifiant, il procure des avantages pour le moins remarquables, ne trouvez-vous pas? À condition, bien sûr, de ne pas le prendre à la légère...

Deuxième leçon

Si vous vous donnez une ligne de conduite précise en ce qui a trait aux principaux aspects de votre vie, les mauvais coups du sort ne vous atteindront pas. Si, au contraire, vous vous contentez d'espérer que tout ira pour le mieux, le moindre échec risque de détruire vos illusions.

Cette leçon vous donnera l'occasion d'examiner attentivement les différents points à ne pas négliger lorsque vous forgerez vos propres conceptions de la vie. Vous y apprendrez également qu'il est important, quand tout va bien, de s'entraîner à faire face au malheur. Cette préparation mentale devrait d'ailleurs se faire tous les jours, jusqu'à la fin de votre vie — et non pas seulement à l'occasion, quand il vous reste un peu de temps libre.

Et maintenant, avant de tourner la page, vous pouvez encore une fois vous installer confortablement, régulariser votre respiration et laisser le calme vous pénétrer. Et n'oubliez pas qu'il est important, comme pour toute activité, de toujours adopter la position dans laquelle vous êtes le plus à l'aise.

Si vous espérez toujours qu'il ne vous arrivera rien de grave, vous risquez d'avoir de mauvaises surprises un jour!

Qui ne craint pas de devoir faire face un jour à quelque malheur imprévisible? C'est d'ailleurs une des craintes qui nous assaillent le plus constamment. Pourtant, rien ne nous empêche de nous préparer à temps et dans le calme aux pires malheurs qui soient. Nous négligeons toutefois de le faire, pour la bonne raison que nous préférons ne pas penser à pareilles éventualités.

En réalité cependant, le malheur peut surgir à l'improviste de bien des façons:

- Vous pourriez être victime d'un accident de la circulation et vous trouver condamné à vous déplacer en chaise roulante jusqu'à la fin de vos jours.
- Vous pourriez perdre la vue.
- Votre médecin pourrait vous annoncer que vous êtes atteint du cancer.
- Vous pourriez découvrir que votre conjoint vous trompe depuis déjà dix ans.
- Ou vous pourriez tout aussi bien apprendre que vous venez d'hériter d'un million.

Êtes-vous préparé à faire face à l'une ou l'autre de ces éventualités? Serez-vous prêt, quand l'heure de la retraite sonnera pour vous? Vous me répondrez peut-être: « Évidemment, je sais bien que je devrai prendre ma retraite un jour; mais ce ne sera pas avant vingt ans. » Ce genre de réponse ressemble à ce que, selon un sondage d'opinions, la plupart des gens pensent quand ils aperçoivent une ambulance. Ils se disent: « Le pauvre malheureux qui est là-dedans! Doux Jésus, faites que ça ne m'arrive jamais! »

Il est possible que vous n'ayez jamais besoin d'être transporté d'urgence à l'hôpital, tout comme il est possible que vous ne receviez jamais un million en héritage. Mais il est certain que nous devrons presque tous prendre notre retraite, que nous devrons tous mourir un jour et que nous pouvons tous être victimes du cancer. Et il n'y a pas une seule journée où ne survienne quelque événement inattendu, que nous sommes impuissants à maîtriser. Comment se fait-il donc que nous ne soyons jamais prêts à faire face à ce genre de circonstances exceptionnelles?

Tout simplement parce que nous feignons de croire que de tels événements ne peuvent survenir dans nos vies. Nous refusons d'admettre que ce que nous redoutons puisse un jour nous affecter. Nous nous raccrochons à l'espoir que le sort saura bien nous épargner.

Et c'est parce que nous continuons vainement de nourrir semblables illusions que les mauvaises surprises nous plongent si souvent en état de choc. Les psychologues disent d'ailleurs que le « traumatisme de la retraite » est en voie de prendre l'ampleur d'une épidémie. Pourquoi? Simplement parce que la plupart des gens ont attendu la dernière minute avant de regarder en face cette éventualité.

Ils sont profondément convaincus qu'une personne à la retraite n'a pas droit à autant de dignité humaine. Ce genre de cliché les empêche d'affronter la réalité et de se préparer convenablement pour le jour où l'inévitable se produira. Et quand il se produit, la vie devient pour eux un long calvaire qui les mène bien souvent tout droit au cimetière.

Pour beaucoup de gens, la vie se déroule selon le schéma suivant:

- Ils adoptent les valeurs transmises par leur entourage, et qui permettent d'étiqueter les choses et les événements comme « bons » ou « mauvais ».
- Dans leur esprit se créent alors des associations d'idées qui influencent inconsciemment leurs comportements. Ils perçoivent positivement ce qui est beau et négativement ce qui est laid. Les blondes sont des femmes sensuelles, les brunes des femmes de tête. La mort est une chose terrible. Celui qui travaille beaucoup a du coeur au ventre, celui qui ne travaille pas est paresseux. Enfanter est synonyme de douleurs. Le cancer amène inévitablement la mort. Un homme impuissant est un raté. Un homme ne pleure pas. Une bonne épouse doit veiller à la propreté de la maison.
- Ainsi, ils se raccrochent désespérément à tout ce qui présente un aspect positif, tout en s'efforçant d'éloigner le plus possible les aspects négatifs de la vie. Par exemple, ils fêtent bruyamment et joyeusement les événements heureux, question d'oublier tout ce qui va mal.

Songeons simplement à l'institution du mariage. Il existe sûrement plus d'un mariage raté, même si tous ne se terminent pas nécessairement par un divorce. Pourtant, des milliers de couples continuent à se marier à l'aveuglette, avec pour tout bagage l'illusion de croire que, dans leur cas, « ça va certainement fonctionner ».

« Ce qui me frappe le plus, disait récemment un célèbre avocat de Vienne spécialisé dans les causes de divorces, c'est de constater que presque tous les jeunes mariés débordent d'optimisme au point de croire que leur union durera jusqu'à la fin des temps. Pas une seconde ils n'envisagent que certains obstacles pourraient menacer leur bonheur et détruire leurs rêves. »

Or, que se passe-t-il quand un malheur tant repoussé finit quand même par s'abattre sur nous? Non seulement nous devons le subir, mais nous sommes généralement trop bouleversés pour réagir intelligemment. Nous ignorons tout à fait quels moyens prendre pour nous en tirer du mieux possible.

En état de choc, nous surestimons bien souvent l'ampleur des événements. S'ensuit alors une panique incontrôlée, qui nous pousse dans les bras de ceux qui nous offrent leur aide. N'allez cependant pas croire que c'est le destin providentiel qui les met sur notre chemin: ces gens-là gagnent généreusement leur vie à « dépanner » tous ceux qui font preuve d'imprévoyance...

Est-il besoin de répéter qu'en pareil cas, nous nous plaçons automatiquement en état de dépendance vis-à-vis de ceux qui nous apportent leur soutien, dans l'espoir qu'ils sauront nous tirer d'embarras? Pourtant, même avec la meilleure volonté du monde, ils peuvent tout au plus atténuer nos souffrances. Ils sont impuissants à nous venir réellement en aide, pour la bonne raison que nous avons nous-mêmes négligé de prendre nos précautions au bon moment.

Il est cependant possible, quand nous nous aventurons sur le chemin de la vie, de prévoir les difficultés que nous rencontrerons. Pour vous en convaincre, faites l'essai suivant:

Premièrement:

Quels que soient vos projets, essayez d'imaginer quelle pourrait être la tournure des événements. Débarrassez-vous cependant de vos vieilles habitudes sans craindre, cette fois, de dresser non seulement la liste des choses que vous souhaitez voir se produire, mais également une liste des pépins qui pourraient survenir. Ainsi, vous vous familiarisez avec les deux côtés de la médaille et vous éliminez aussi bien les faux espoirs que les craintes inutiles.

Deuxièmement:

Vous essayez maintenant d'envisager à tête reposée de quelle manière vous allez réagir si la première, puis la seconde éventualité se présentent. Ainsi, quelles que soient les circonstances, votre liberté d'action ne sera pas entravée par les influences extérieures.

Si nous reprenons l'exemple du mariage, cela pourrait signifier que les conjoints décident d'examiner sérieusement à l'avance:

- ce qu'ils entendent faire concrètement pour préserver leur bonheur le plus longtemps possible;
- ce qu'ils comptent faire dans l'éventualité d'une mésentente;
- de quelle manière ils entendent procéder, au cas où une séparation deviendrait inévitable.

Peut-on seulement avoir une idée du nombre de ménages qui auraient ainsi sagement pu éviter le pire? Combien de conjoints auraient pu éviter de se détester et de s'entre-déchirer devant leurs enfants? Combien de dépenses inutiles en temps, en énergie et en argent un peu de prévoyance aurait permis d'éviter?

J'ai pris le mariage comme exemple. Mais les idées élaborées dans le présent chapitre s'appliquent à tous les domaines de la vie, qu'il s'agisse de la maladie et de la mort, du boire et du manger, de l'argent, des enfants, ou encore de la manière de se comporter face à ses semblables. Oui, nous pouvons nous rendre la vie plus agréable à tous points de vue. À condition de cesser de nous bercer d'illusions ou de compter sur les autres. À condition de commencer à prendre notre sort sérieusement en main!

Comment faire face aux durs coups du sort

Certaines personnes ont une présence d'esprit remarquable. Vives comme l'éclair, elles réagissent et s'adaptent à toutes les situations. Comme je ne puis en dire autant de moi-même, j'ai toujours envié ces personnes. Car j'ai souffert de nombreuses années de ne pouvoir parer aux mauvais coups du sort.

Si, par exemple, on m'insultait, je demeurais figé sur place, à ne trop savoir que dire ou que faire. J'ai toujours été un homme de bonne volonté et je n'ai jamais pris plaisir à m'imposer devant plus faible que moi ou à blesser volontairement quelqu'un. Aussi étais-je persuadé que les autres se devaient de me traiter de la même manière. Comme je craignais de subir la moindre injure, je faisais donc preuve d'une politesse exagérée envers tout le monde. De même, je craignais énormément de me voir tourné en ridicule par mon entourage. Et si je me trouvais en compagnie de gens qui savaient imposer sans vergogne leurs idées, je n'osais plus émettre le moindre son. J'en vins même à justifier mon comportement en me disant que j'étais un homme pacifique qui fuyais les occasions de dispute!

À cette époque, j'étais persuadé qu'il était tout aussi important de posséder de bons arguments ou de bonnes excuses que d'apporter une solution à un problème donné. Ce n'est que plusieurs années plus tard que j'ai compris que rien ne remplace une solution concrète à un problème posé. Tout le reste ne fait qu'aggraver la situation.

Et comme il n'existe pas de solutions toutes faites aux difficultés de la vie, je commençai à inscrire dans un cahier mes réflexions sur la manière d'en arriver concrètement à vivre le plus heureux possible. Ce programme d'objectifs personnels comportait plusieurs chapitres. L'un d'eux s'intitulait: « Comment mener une vie pleine d'assurance en seize points ». Mon intention était de m'entraîner à répéter certaines scènes de la vie quotidienne, un peu comme le font les équipes sportives qui répètent certaines tactiques la veille d'un match. Ou encore comme les pilotes d'avion qui s'entraînent sur des simulateurs de vol, à réagir automatiquement et avec assurance à des situations critiques. Je me disais: pourquoi ne pas utiliser semblable méthode en vue de favoriser la bonne décision lorsque certaines situations se répètent à mon désavantage?

Bien sûr, je dus tout d'abord analyser ces situations à fond, puis me faire une idée précise de la manière dont j'entendais mener ma vie. À partir de là, je pus définir en détail quels seraient mon attitude et mon comportement dans la vie de tous les jours. Cette étape de planification terminée, il ne me resta plus qu'à mettre ces conceptions en pratique. Je m'exerçai donc ainsi jusqu'à parvenir à « réagir automatiquement et avec assurance » devant les difficultés quotidiennes.

Je vous parlerai plus loin de celui qui m'a incité à adopter semblable approche face à l'adversité, mais voici dès à présent une liste qu'il me conseilla de dresser. Celle-ci porte sur tous les aspects de la vie pour lesquels je souhaitais établir une ligne de conduite claire et précise:

1. Sommeil et réveil
2. Boire et manger
3. Peur et manque de confiance
4. Pouvoir de concentration et réaction aux circonstances
5. Attitude positive
6. Créativité et mémoire
7. Parole et silence
8. Patience et persévérance
9. Sexualité et virilité

10. Douleur
11. Maladie et mort
12. Physique et santé
13. Digestion
14. Argent et biens matériels
15. Conjoint et famille
16. Éducation des enfants

Certains de ces points concernent ma situation personnelle, d'autres — comme « Boire et manger », « Conjoint et famille » ou « Parole et silence » — ont une portée plus générale. Ainsi, je connais certaines personnes qui mangent et boivent régulièrement plus qu'elles ne le voudraient. Elles savent exactement à quel moment elles devraient s'arrêter, mais n'y parviennent jamais. Elles sont incapables de transformer leur désir en réalité. Plutôt que de prendre la décision qui s'impose, elles se contentent de se perdre en excuses et justifications de toutes sortes.

Ce n'est qu'après coup qu'elles regrettent leurs excès et se promettent de ne plus recommencer. Sans doute semblable expérience vous est-elle déjà arrivée. Vous vous êtes peut-être alors demandé, une fois vos maux de tête envolés: « Comment se fait-il que c'est au moment où j'en aurais le plus besoin que je n'arrive pas à tenir mes résolutions? »

La raison en est, je crois, que personne ne nous a appris la différence entre prendre une résolution et la tenir. En fait, personne ne nous a appris comment fixer si bien une résolution dans notre esprit, qu'elle mette automatiquement en branle le processus qui nous permettra de la tenir au moment voulu. On nous a dit, bien sûr, qu'il fallait faire preuve de volonté et de maîtrise de soi, mais on ne nous a pas indiqué la manière d'acquérir ces belles qualités. Il me semble pourtant que cela serait utile, même quand on n'a pas l'intention de devenir moine ou de s'entraîner pour le prochain marathon!

C'est par conséquent dans cet écart qui existe entre prendre une résolution et la tenir qu'il vous faudra trouver le moyen de vous prendre en main. L'exercice décrit à la première leçon, la liste ci-dessus ainsi que tous les autres renseignements qui vont suivre constituent autant d'incitations en ce sens. Il ne faut cependant pas croire que votre travail s'arrête là et qu'il vous suffit de dresser bien sagement votre propre liste pour que tous vos problèmes se règlent d'eux-mêmes comme par enchantement. Mais avant de voir comment passer du rêve à sa réalisation, permettez-moi encore quelques remarques concernant l'élaboration de vos règles personnelles de conduite.

Avant de dresser des plans pour mener à bien votre vie, suivez ces quatre conseils.

J'ignore combien de points vous devriez inclure dans la liste de vos préoccupations personnelles. En comportera-t-elle cinq, dix ou cinquante? Devriez-vous commencer avec seulement cinq points, puis en rajouter avec les années? Au fond, peu importe. D'après ma propre expérience, vous devriez, avant de vous mettre à la tâche, faire davantage attention aux quatre conseils suivants:

1. Ne vous contentez pas de réfléchir aux objectifs que vous aimeriez réaliser. Mettez-les par écrit. C'est quand nous nous laissons aller que nos résolutions écrites prennent toute leur utilité: elles nous servent de points de repère qui nous permettent de retrouver le chemin perdu. Bien des gens, cependant, refusent de s'engager sur une voie précise, sous prétexte de rester libres de s'adapter aux circonstances. Mais malheureusement pour eux, cela signifie simplement qu'ils restent vulnérables aux sollicitations extérieures. C'est pourquoi il importe, si nous voulons prendre nos décisions en toute liberté, de nous en tenir à nos propres règles de conduite.

2. Commencez à dresser votre liste à partir des différents points énumérés au chapitre précédent, mais prenez tout votre temps. Ne vous contentez pas de transcrire les points qui font votre affaire ou qui exigeront peu d'efforts de votre part. Vous ne feriez que vous mentir à vous-même. Cette liste doit véritablement vous permettre d'examiner avec franchise et lucidité des choses que vous avez toujours cherché à refouler.

3. Une fois la liste établie, commencez à vous fixer des objectifs pour chacun des points qu'elle contient. Demandez-vous: « Qu'est-ce que j'aimerais être? Qu'est-ce que j'aimerais faire? Quel est mon idéal sur ce plan-là? » Laissez libre cours à votre imagination, sans chercher à la brimer par des arguments du genre: « Ça ne marchera jamais, je ne vois pas pourquoi j'inscrirais cet objectif. »

Par exemple, si vous écrivez ce que vous aimeriez réaliser avec votre conjoint, n'étouffez pas votre imagination sous prétexte que celui-ci ou celle-ci ne voudra rien savoir. Ou encore, si vous avez des problèmes d'estomac, vous pouvez écrire: « J'ai du mal à digérer correctement. Je refuse de continuer à négliger ce problème et à me contenter de prendre des purgatifs. Je veux trouver une solution définitive à ce problème. Je vais cesser de compter uniquement sur des prescriptions de médecin et commencer à m'informer sérieusement sur le sujet. »

Bientôt, vous allez constater que ce genre de réflexions peut devenir un jeu amusant. Mais pour cela, il vous faut d'abord oser regarder en face les problèmes que vous avez jusqu'ici refoulés au fond de vous-même, par paresse, par pudeur ou pour quelque raison que ce soit.

4. Une fois toutes ces réflexions faites et soigneusement notées, que va-t-il se passer? Rangerez-vous le tout dans un tiroir, pour ne plus jamais y revenir? Le but de ces réflexions est de vous permettre de mieux vous connaître. Par conséquent, vous pourrez progressivement mettre au point un plan et maîtriser les techniques en vue de réaliser des objectifs qui vous sont personnels.

C'est pourquoi il importe de vous pencher sur vos notes le plus souvent possible.

Une fois que vous possédez un plan d'action précis, vous n'avez bien sûr pas réglé tous vos problèmes. Cependant, vous savez désormais de quelle façon vous comptez réagir dans certaines situations précises. En d'autres mots, vous cessez d'abandonner au hasard ou aux pressions de votre entourage le soin de décider pour vous de ce qui vous convient ou non.

Quelques exemples tirés de mes expériences personnelles serviront à illustrer ce qui précède:

Premier exemple:

En étudiant le point intitulé « Attitude positive », j'en vins à la conclusion qu'il ne me servait bien souvent à rien de critiquer les autres, car j'obtenais exactement l'effet contraire de celui désiré. La plupart des gens se rebiffaient et certains devenaient même agressifs dès que je cherchais à les convaincre de leurs torts. Une fois conscient de ce fait, je me promis de ne plus jamais critiquer les gens, et je notai ma résolution par écrit.

Bien sûr, il m'arrive encore à l'occasion de critiquer, tout comme il m'arrive souvent d'être impatient et injuste. Je sais, dans ces moments-là, que j'ai tort, car j'agis contre mon propre désir. Mais je sais également que je ne cesserai jamais de m'améliorer, quel que soit le nombre de fois où je serai fautif. Je ne suis pas découragé à cause d'une défaite temporaire, car j'ai encore quelques années devant moi pour atteindre tous mes objectifs.

Deuxième exemple:

J'avais autrefois coutume, lorsque je participais à des soirées d'amis, de ne pas freiner ma consommation d'alcool et de mélanger allégrement eau-de-vie, bière, vin, parfois même champagne et doubles cognacs. Le tout ne me réussissait pas plus qu'à la plupart des gens. J'en ai encore des frissons rien qu'à penser aux dommages que ces mauvaises habitudes ont dû causer à mes intestins. Tout en étudiant le point intitulé « Boire et manger », je fis de nombreuses recherches sur l'alcoolisme et ses conséquences sur la régénération des tissus intestinaux.

Depuis que j'ai clairement défini quel comportement je souhaitais adopter en pareille circonstance, je réussis dans quatre-vingt-quinze pour cent des cas à ne pas dépasser la limite que je me suis fixée et à boire uniquement ce que mon estomac peut supporter sans dommages.

Troisième exemple:

J'avais autrefois l'habitude de me décourager et d'abandonner facilement ce que je ne réussissais pas du premier coup. Échouer était dans mon esprit synonyme de honte et de déshonneur. Depuis ce temps, j'ai clarifié ma pensée à ce sujet en écrivant: « Si je suis convaincu de pouvoir faire une chose et qu'il est de mon devoir de le faire, je recommence tant et aussi longtemps qu'il le faut, sans me laisser démonter par les obstacles. Je refuse de me laisser démonter par les obstacles. Je refuse de me laisser décourager ou prendre au dépourvu par les échecs qui m'attendent inévitablement. Je les considère comme nécessaires, car ils m'indiquent les erreurs à éviter la fois suivante. »

Cette conviction profondément ancrée en moi me permet aujourd'hui d'affronter avec confiance et entrain des situations qui m'auraient jadis profondément aigri et fait sérieusement douter de mes capacités.

« Je veux commencer à vivre à 40 ans, être libre à 50 ans et posséder la sagesse à 60 ans. »

Une des raisons qui empêchent beaucoup de gens de mener le genre de vie qu'ils souhaiteraient, c'est qu'ils ne se rendent pas compte que leurs actions quotidiennes sont en contradiction avec leurs désirs. Ils sont trop impatients pour prendre le temps de mettre au point un plan d'action qui irait dans le sens de leurs désirs, et pour s'y conformer à la lettre.

Quand je me fixe comme objectif d'atteindre le sommet de ma carrière à l'âge de 40 ans, et que je prends mes dispositions en ce sens, je n'ai plus besoin de m'impatienter inutilement. Comme je sais où je vais, je puis par conséquent consacrer toutes mes énergies à bien réussir chacune des étapes qui me mènent vers cet objectif. De même, il m'est possible de prévoir à partir de là où j'en serai à 45, 50 ou 60 ans.

Autrement dit il est tout aussi important d'avoir une idée globale de ce qu'on compte réaliser dans la vie que de ce qu'on désire accomplir au jour le jour. C'est en effet de cette seule façon que notre vie quotidienne peut prendre toute sa signification: en s'insérant harmonieusement dans un tout.

Je connais quelques personnes au dynamisme phénoménal et qui, vers 35 ans, avaient pratiquement atteint tous leurs objectifs sur le plan professionnel. Malheureusement, avec plus d'argent en poche qu'elles n'en pouvaient dépenser, elles ne savaient plus trop que faire de leur existence. Elles avaient si bien employé tous leurs efforts à conquérir le succès, la gloire et l'argent, qu'une fois en leur possession, toutes ces richesses extérieures ne signifiaient plus rien à leurs yeux. De ces personnes, trois virent leur mariage ruiné et deux quittèrent leur emploi pour s'occuper à autre chose. On peut en conclure qu'elles n'étaient pas préparées à affronter les conséquences de leurs succès.

Toutes avaient une idée très précise de la manière de réussir dans leur travail. Elles savaient comment réorganiser le réseau de transport de leur entreprise, pourquoi il devenait nécessaire de se mettre à l'heure de l'informatique, etc. Mais en ce qui concerne le déroulement de leur propre vie, elles n'avaient aucun plan d'organisation à long terme.

J'ai aussi connu pendant de nombreuses années un homme qui, lui, savait exactement ce qu'il attendait de la vie. Assez curieusement, je n'ai ressenti aucune tristesse en apprenant récemment la nouvelle de sa mort. Sa mort m'est en fait apparue comme une chose tout à fait naturelle, comme la suite logique de sa vie. Mon impression est qu'il a obtenu de la vie tout ce qu'il en attendait.

Au cours des nombreuses heures passées à discuter tous deux des « mystères de la vie » (comme nous avions coutume de dire), il me répétait à l'occasion: « La mort fait partie de la vie, tout comme le mal fait partie du bien et l'échec de la victoire. Une fois qu'on a pris conscience de cela et qu'on sait comment l'appliquer dans sa vie de tous les jours, on n'a plus rien à craindre. »

Cet homme (auquel j'ai fait allusion au chapitre précédent) se nommait Carl Brenn. Gravement blessé au cours de la dernière guerre, il était demeuré hospitalisé pendant six mois. Alors même qu'il ignorait s'il survivrait ou non, il décida que, si jamais il recouvrait la santé, il passerait le reste de ses jours à vivre le plus consciemment possible, et selon un plan établi d'avance. Il partagea donc en périodes distinctes le nombre d'années qu'il avait encore l'espoir de vivre, et se fixa des objectifs pour chacune d'elles.

« Je veux commencer à vivre à 40 ans, décida-t-il. D'ici là, je veux tout mettre en oeuvre pour me procurer ce dont j'aurai besoin jusqu'à la fin de mes jours. Puis, jusqu'à 50 ans, je veux apprendre à me sentir parfaitement libre dans mon for intérieur, afin d'être tout aussi libre dans le monde extérieur. Enfin, quand j'aurai 60 ans, je veux posséder assez de sagesse pour ne plus craindre la mort. »

Ce qui me fascine le plus dans cette histoire, c'est que cet homme avait pris cette résolution à une époque où la guerre faisait encore rage en Europe, et alors que personne n'était en mesure de prédire à quoi ressemblerait l'avenir. Quand je lui en fis la remarque, Brenn me répondit en souriant doucement: « Vous savez, quand on dresse un plan d'action qui s'étend jusqu'à la fin de ses jours, il importe peu qu'on soit dans la misère ou qu'on vive dans le luxe à ce moment-là. »

Il m'a été donné de suivre la carrière de cet homme pendant vingt ans. Je l'ai vu quitter la profession qu'il exerçait, pour ne plus consacrer à l'aspect travail que le temps et les efforts qu'il jugeait nécessaires. J'ai vu aussi les réactions de son entourage à l'époque: on commença par le traiter de fou, puis on finit par l'envier. Ses amis et connaissances se passèrent d'ailleurs bientôt le mot suivant: « Si je pouvais, je ferais comme Carl: uniquement ce qui me plaît! » Mais, en réalité, aucun n'osait se décider à en faire autant.

Pour ma part, j'ai appris deux choses de cet homme remarquable:

    ● J'ai tout d'abord appris à considérer ma vie et le temps qu'il me reste sous un angle complètement différent. À cette époque, je courais encore après le succès et je craignais toujours de manquer quelque chose d'important. Désormais, je sais qu'il y a un temps pour chaque chose et que chaque chose arrive en son temps. Il ne sert par exemple à rien de vouloir forcer certaines choses à se produire aujourd'hui, si elles ne doivent arriver à maturité que dans un an. Tout ce qu'on obtiendrait, ce serait un gaspillage inutile de temps et d'énergie, pour un résultat dérisoire.

• J'ai également appris de Brenn à me préoccuper beaucoup plus intensément de moi-même. Jusqu'alors, je n'avais qu'une très vague idée de mes possibilités réelles. J'avais tiré de moi-même uniquement ce que les autres y avaient puisé pour satisfaire leurs besoins personnels. J'ignorais donc totalement quelles étaient mes limites et je ne prenais jamais le temps de songer à mon avenir. D'ailleurs, j'étais trop occupé à tâcher de régler au jour le jour les trop nombreux problèmes que je m'étais mis sur le dos. Je savais à peu près ce que je voulais accomplir, mais j'évitais de m'interroger sérieusement sur les moyens à prendre pour y arriver.

Carl Brenn ne se contenta pas de diviser sa vie en plusieurs périodes de temps. Il mit également l'accent sur trois aspects de sa vie qu'il jugeait particulièrement importants. Il se demanda donc:

1. Comment ai-je envie de vivre: quels objectifs me faut-il atteindre pour mener une vie libre et heureuse?

2. Qu'ai-je envie d'accomplir sur le plan professionnel: quel est le moindre prix à payer pour mener une vie libre et heureuse?

3. Quels sont les biens matériels que je désire posséder: de quoi ai-je besoin pour garantir mon bonheur et ma liberté?

Peut-être cette histoire vous incitera-t-elle à repenser votre vie actuelle et à réfléchir aux moyens de concrétiser vos désirs? Car bien souvent, il nous suffit d'avoir un exemple sous les yeux pour nous décider à réaliser nous aussi des choses que nous avions en tête depuis longtemps!

Résumé

Si vous voulez tirer pleinement parti de cette deuxième leçon, n'hésitez plus à imaginer dès maintenant et très concrètement ce que vous allez faire du reste de votre vie.

Installez-vous et commencez à mettre vos idées par écrit. Ne remettez pas ce projet à plus tard, car vous n'y reviendrez probablement pas. En effet, quand on a un projet en tête, c'est toujours de le *commencer* qui est le plus difficile. Mais une fois que vous aurez franchi cette étape, vous prendrez véritablement *plaisir* à continuer.

Vous n'avez pas manqué de lire, dans les pages précédentes, de nombreux conseils sur la manière de dresser un plan d'action pour votre vie. Vous vous contenterez, cela va de soi, de n'accepter que ceux qui vous conviennent, sans oublier de les adapter à votre propre situation.

Prenez tout le temps nécessaire pour bien définir vos projets. Évitez de fuir les questions désagréables. N'hésitez pas à regarder bien en face ce que vous tenez refoulé depuis longtemps au fond de vous-même, et à prendre le temps d'élaborer des solutions claires et réalistes à vos problèmes. En poursuivant votre lecture, vous aurez d'ailleurs souventes fois l'occasion d'examiner plus en détail certains aspects de votre vie.

Toutes ces démarches sont indispensables si vous souhaitez réellement vous prendre en main. Si vous êtes toujours décidé à avancer sur cette route, la leçon suivante devrait maintenant vous familiariser avec une technique qui transformera vos rêves en réalité.

Troisième leçon

Cette leçon va vous permettre de vous familiariser avec la technique du « training autogène »*, en décrivant en détail les six étapes fondamentales à franchir pour la bien maîtriser. Le plus important n'est cependant pas de vous en tenir au pied de la lettre, mais bien de vous exercer jusqu'à ce que les premiers résultats se manifestent.

Si vous avez décidé de vous prendre sérieusement en main, ne vous attendez toutefois pas à ce que le training autogène fasse à lui seul des miracles pour vous. En maîtrisant cette technique, vous pourrez vous détendre, rassembler vos forces, mieux vous connaître et mieux contrôler vos émotions. D'où son importance capitale. Mais, avant de vous libérer de vos entraves et de réaliser vos ambitions, vous devrez satisfaire à d'autres exigences, et non pas simplement savoir vous relaxer quand bon vous semble.

---

* Que le lecteur ne se laisse surtout pas décourager par une expression aussi barbare: à la base du « training autogène », on retrouve l'auto-hypnose. Il s'agit donc véritablement — et simplement — de se faire des suggestions à soi-même. (N. D. T.)

Pour savoir ce qu'est le « training autogène », mettez-le en pratique immédiatement!

Au cours des années cinquante, un médecin allemand, le Dr Hannes Lindemann, trouva un moyen assez original de faire parler de lui. Il traversa à quelques reprises l'Atlantique à la rame, seul à bord de minuscules embarcations. En 1955, une pirogue africaine, creusée à même un tronc d'arbre, lui permit d'atteindre Haïti en soixante-cinq jours. Évidemment très heureux de s'être rendu à destination sain et sauf, il dut toutefois reconnaître que, bien que techniquement et physiquement prêt pour ce genre d'aventure, sa préparation avait beaucoup laissé à désirer sur le plan psychique et mental, ce qui avait failli lui être fatal.

Il écrivit plus tard: « Je n'ignorais pas que davantage de naufragés perdent la vie suite à des réactions de panique, de peur et de désespoir, qu'à cause de la détresse physique dans laquelle ils se trouvent. Je savais que le psychisme humain, plus facilement que le corps, a tendance à abandonner la partie. » Puisque cette question lui avait donné tant de fil à retordre pendant ces jours et ces nuits passés au milieu de l'océan, il en vint à se demander: Est-il possible d'influencer favorablement son univers mental au point d'amener celui-ci à contribuer efficacement à résoudre certains problèmes?

Cette question tourmenta le Dr Lindemann tout au long de ses périlleuses aventures. Mais ne sommes-nous pas tous, à un degré moindre évidemment, dans la même situation que lui? Techniquement parlant, nous sommes généralement prêts à faire face aux difficultés de la vie quotidienne, dans le domaine professionnel ou autre. Trop souvent cependant, nous ne sommes mentalement pas en forme. Comme des naufragés en haute mer, nous laissons la peur, la panique et le désespoir s'emparer de nous et ruiner nos entreprises. Nous abandonnons la partie avant même qu'elle ait commencé!

La question que se posait le Dr Lindemann a donc également une grande importance pour nous: Comment puis-je influencer mon mental de telle sorte qu'il contribue à résoudre mes problèmes quotidiens? Pour y répondre, nous aurons cependant la tâche plus facile que lui. Décidé à poursuivre ses expériences à ce sujet au péril même de sa vie, le Dr Lindemann n'hésita pas en effet à traverser à nouveau l'Atlantique. Cette fois, il se munit simplement d'une fragile embarcation pliante, comme on en trouve dans le commerce. Par contre, sa préparation mentale était telle que, sans cette dernière, selon lui, il ne serait jamais arrivé à destination. Son arme secrète: le training autogène.

Cette expression s'est largement répandue depuis et la technique qu'elle sous-entend fait désormais partie de l'arsenal des grands sportifs à travers le monde. Elle leur permet d'améliorer leurs performances et d'augmenter leur concentration dans les compétitions. On trouve de nos jours dans presque toutes les bibliothèques et librairies du monde des livres d'introduction à cette technique qui permet de maîtriser ses propres pensées; souvent, il existe même des cours à cet effet.

L'homme qui a mis au point la technique du training autogène telle qu'elle est aujourd'hui enseignée, est aussi un médecin allemand, originaire de Berlin, le professeur J.H. Schultz. Et comme ce dernier a cherché à obtenir la reconnaissance des milieux scientifiques, il a procédé avec la plus grande minutie dans la mise au point de sa méthode.

Or, vous n'ignorez pas, j'imagine, que plus une discipline s'entoure de mystère, plus ses représentants sont en mesure de s'entourer d'un halo d'autorité aux yeux des profanes. Par conséquent, ce que conçoivent les savants entre eux est habituellement incompréhensible aux simples mortels que nous sommes. Ce qui explique que le professeur Schultz et ses disciples ont bien souvent eu tendance à prescrire le training autogène au compte-gouttes, et comme si eux seuls détenaient l'autorisation d'en recommander l'emploi. On colla donc l'étiquette « méthode scientifique » à un procédé qui était en somme tout aussi naturel que l'air et l'eau. Comme s'il était important qu'une méthode simple et bénéfique se voie apposer une étiquette, après avoir passé tous les tests scientifiques exigés par des autorités compétentes!

Car il me semble bien plus important d'apprendre le training autogène et de s'en servir que d'en discuter à n'en plus finir ou de perdre son temps à se demander à quoi ça ressemble. Ainsi, vous pouvez apprendre cette technique dans un livre comme celui du Dr Lindemann: *Survivre au stress grâce au training autogène*. Vous pouvez également suivre des cours donnés par des spécialistes en la matière, car il se donne de plus en plus de cours du soir à ce sujet.

Il y a quelques années, j'ai pour ma part suivi un cours et lu quantité de livres sur le sujet. Depuis, je m'en sers tous les jours. Cette habitude m'a permis d'influencer considérablement tous les aspects de ma vie, en plus d'exercer une certaine influence sur mes semblables au cours des ans. Mes propres expériences m'ont permis de confirmer ce que dit le Dr Lindemann: « À l'exception des jeunes enfants, chacun a la faculté d'apprendre cette méthode, pourvu qu'il s'entraîne régulièrement à concentrer son attention sur le calme et la détente. Or, celui qui parvient, grâce au training autogène, à créer une distance entre lui-même et ses soucis et difficultés, celui-là sera à l'abri des maux et des bouleversements propres à la vie moderne. Il connaîtra le succès. Ainsi, parmi les élèves à qui j'ai enseigné le training autogène, beaucoup ont pu se libérer par eux-mêmes de malaises qui les hantaient depuis de nombreuses années. Ils ont maîtrisé tout seuls des souffrances et des infirmités, des peurs et des angoisses, la gêne, le trac et quantité d'autres entraves personnelles qui les avaient jusque-là conduits d'un médecin à l'autre sans résultats. »

« Maîtriser soi-même ses malaises et ses souffrances »: n'est-ce pas là l'équivalent de « prendre son sort en main »?

Peu importe la manière dont vous apprenez le training autogène — ce qui compte, c'est de tenir le coup!

Ce sont probablement les Chinois qui ont mis au point les techniques de base du training autogène, il y a de cela quelques milliers d'années. Cet enseignement pratique, combiné à d'autres traditions ancestrales, s'est transmis jusqu'à nos jours, d'une génération à l'autre. Ces principes de vie, qui s'appliquaient aussi bien aux arts médicinaux, aux arts martiaux qu'à tous les aspects de la vie, étaient enseignés à l'intérieur du cercle familial.

Pour nous Occidentaux, il en va un peu autrement. Ce qui nous rend si difficile l'apprentissage de ces techniques de concentration et de méditation, c'est que nous devons non seulement en découvrir l'existence par nous-mêmes, mais également contourner bien des obstacles avant d'en maîtriser la pratique. Ces obstacles sont généralement:

● Notre propre paresse.

Nous avons peur de l'effort, particulièrement lorsque personne ne nous pousse dans le dos. Nous avons en effet beau céder aux pressions extérieures et ramper devant nos supérieurs, quand vient le temps d'agir dans le sens de nos propres besoins, nous manquons tout simplement de force et de courage.

● Le manque d'utilité pratique.

Quand nous obéissons aux directives de nos supérieurs, nous n'ignorons pas dans quel but nous échangeons notre « force de travail »: notre salaire servira à payer nos dettes, la facture d'épicerie, le loyer, etc. Mais quand nous sommes en parfaite santé, et qu'il nous faudrait faire quelques exercices pour la conserver, nous avons alors tendance à nous demander: « Je n'ai mal nulle part, pourquoi devrais-je faire des efforts? »

● Le manque de confiance en nous-mêmes.

Nous préférons écouter les conseils des spécialistes, plutôt que de nous fier à nous-mêmes. Nous préférons regarder les exploits des autres à la télévision, plutôt que de vivre nos propres aventures. Nous préférons gagner et perdre en esprit avec nos équipes favorites plutôt que de choisir un sport que nous pratiquerions nous-mêmes.

● Notre manque de persévérance.

À notre époque, nous nous enthousiasmons souvent à propos de tout et de rien. Malheureusement, dès que surviennent les premières difficultés, notre enthousiasme s'envole rapidement et nous abandonnons la partie. Nous passons ainsi constamment d'une chose à l'autre, sans jamais nous identifier à nos entreprises assez pour nous entraîner à renverser les obstacles.

Par conséquent, il peut s'avérer difficile de chercher à maîtriser une technique en apparence aussi peu utile que le training autogène. Vous pourriez être tenté de renoncer du simple fait qu'il ne se donne aucun cours à ce sujet près de chez vous. Vous vous dites alors: « Dans ce cas-là, je vais attendre un peu. » Et avec le temps, votre intérêt va diminuant, vous devez faire face à d'autres priorités, et voilà que vos projets tombent finalement à l'eau!

Vous pourriez aussi être tenté, par souci d'authenticité, de vous procurer et d'étudier à fond l'énorme bouquin publié par le professeur Schultz lui-même, et traitant le sujet sous son aspect scientifique. Vous courez alors le risque de vous ennuyer avant même d'avoir commencé votre lecture! Car rien n'est plus frustrant pour un profane que de chercher à comprendre le langage des savants. Aussi, pour faciliter votre apprentissage de cette méthode, je vous recommande, avant même de lire le prochain chapitre, de remplir les deux conditions suivantes.

Premièrement:

Précisez quelles raisons vous poussent à apprendre le training autogène. Ne vous contentez pas de dire: « C'est sûrement une méthode très valable de maîtrise de soi. » Il faut que vous soyez absolument convaincu que cette méthode constitue le plus parfait outil susceptible de vous permettre de réaliser tout ce dont vous avez rêvé sans jamais oser ni pouvoir le faire. Car c'est à la condition de garder vos projets constamment présents à l'esprit que vous prendrez peu à peu les moyens de les transformer en réalité.

Deuxièmement:

Sautez sur la première occasion d'apprendre le training autogène. Cette occasion vous est offerte dans les pages qui suivent. J'ai cherché à y décrire de manière simplifiée les différents exercices que comporte cette méthode, ainsi que leurs applications pratiques. Les spécialistes en la matière m'accuseront sans doute de procéder de façon peu orthodoxe ou de pécher par omission. Mais je prends sur moi toutes les accusations possibles, car mon seul but est de vous faire découvrir le plaisir du training autogène et de vous encourager à continuer à le pratiquer! De cette façon, la deuxième condition sera remplie adéquatement, et c'est le plus important.

Le training autogène en six étapes faciles

Disons immédiatement que la méthode décrite ici diffère légèrement des recommandations que contiennent la plupart des manuels de training autogène. Je serais d'ailleurs incapable de préciser lesquels, parmi ces derniers, donnent les instructions les plus efficaces. C'est pourquoi vous ne trouverez ici que les variantes qui m'ont permis, avec les années, d'obtenir les meilleurs résultats.

Si jamais un pédant soutient devant vous qu'il n'existe qu'une seule et unique façon d'apprendre le training autogène, vous saurez qu'il n'en est rien: la seule méthode valable, c'est encore celle que vous vous forgerez pour vous-même une fois mise de côté votre peur de ne pas agir « exactement comme c'est écrit ». En ce qui concerne le présent chapitre, vous avez le choix: ou bien vous le lisez d'un seul trait, pour ensuite revenir sur vos pas et pratiquer un à un les exercices décrits; ou bien vous mettez immédiatement en pratique chaque exercice, avant d'aborder la lecture du suivant. Quel que soit votre choix, il est cependant important de bien maîtriser chaque étape avant de passer à la suivante. Ce degré de maîtrise dépend, évidemment, de l'intensité de votre entraînement. Je vous recommande de pratiquer chaque exercice trois fois par jour, dix minutes chaque fois, sans que ce soit une obligation. Il ne dépend que de vous de trouver le rythme qui vous convient le mieux. Je sais que, si la plupart des éducateurs ont généralement tendance à décourager les initiatives de leurs élèves, celles-ci, à plus d'un point de vue, représentent encore la meilleure chose à faire. Vous vous sentirez davantage impliqué dans le processus d'apprentissage, vous y trouverez davantage de plaisir et vous surmonterez plus aisément les phases critiques au cours desquelles surgissent le doute et le désir de tout abandonner. C'est souvent dans ces moments que la moindre excuse (y compris les défauts du professeur ou de sa méthode d'enseignement) sert de prétexte à tout laisser tomber, faute de vouloir aller plus loin.

Comme il est clair désormais qu'il ne tient qu'à vous de trouver quelle méthode vous convient le mieux, vous n'aurez que vous-même à blâmer si vous abandonnez en cours de route! Et maintenant, passons de la théorie à la pratique.

Première étape: Position confortable, respiration, harmonie

Je pratique le training autogène couché, assis, debout et même en marchant. Compte tenu des circonstances, j'adopte toujours la position la plus confortable. Puis je respire paisiblement, en comptant le nombre de mes respirations, et je laisse le calme s'installer progressivement en moi.

La première leçon vous a familiarisé avec cet exercice. Peut-être en êtes-vous même déjà au point où vous commencez par lui chacune de vos activités de la journée? Quoi qu'il en soit, cet exercice étant à la base même du training autogène, ne manquez pas de vous y mettre dès à présent!

Deuxième étape: Poids, chaleur, calme

Une fois l'exercice précédent terminé, gardez à l'esprit la formule suivante:

- « Je suis très lourd! »

Cette lourdeur devrait envahir votre corps au point d'être réellement sensible dans vos bras et dans vos jambes. Au début, vous serez sans doute un peu crispé lorsque vous répéterez cette formule. Mais bientôt, vous devriez sentir sans difficulté tout le poids de votre corps contre le sol. Répétez cette formule six fois. Ne vous laissez pas démonter si vous tardez à ressentir la lourdeur de votre corps ou si quelque pensée étrangère cherche à vous distraire. Poursuivez simplement l'exercice comme si de rien n'était.

La deuxième formule est:
- « Je suis très chaud! »

Répétez-la également six fois, jusqu'à sentir la chaleur remonter le long de votre corps et de vos membres. De nouveau, il est possible que vous ne ressentiez aucun effet. Vos attentes sont probablement trop grandes, ou une partie de vous-même se rebiffe contre ce genre d'exercice. Pour mieux justifier notre paresse, notre cerveau fait des réflexions qui nous portent à abandonner: « Ce que tu fais là est absolument ridicule! Tu ne tiendras jamais le coup! »

Continuez quand même avec ceci:
- « Je suis entièrement calme! »

Répétez à nouveau six fois. Ici, les choses devraient aller mieux, puisque vous vous êtes habitué au calme dès le premier exercice.

Pendant que votre corps s'alourdissait, il se détendait. Quant à la chaleur, elle permettait à votre sang de circuler plus librement dans vos vaisseaux. Par conséquent, des changements physiques s'opéraient en vous. Aussi, retenez bien ceci: *grâce à la seule force de votre concentration, il vous est désormais possible d'influencer volontairement certaines fonctions de votre corps.*

« Et puis après? », ferez-vous d'un air désabusé. C'est curieux, mais nous sommes généralement tous réceptifs au moindre événement à sensation. Toutefois, si c'est en nous-mêmes qu'il se passe quelque chose de sensationnel, nous n'y prêtons aucune attention. Pour ma part, je peux vous dire que, le jour où j'ai réussi à me réchauffer les pieds par la seule force de mon imagination, ç'a été toute une sensation!

Ce jour-là, j'étais étendu dans mon sac de couchage, à quelque 2 500 mètres d'altitude, après une longue randonnée en montagne. Il avait plu toute la journée et j'avais les pieds mouillés et gelés. Je n'arrivais toujours pas à dormir et, pourtant, j'étais littéralement épuisé.

C'est alors qu'il me vint à l'idée d'avoir recours au training autogène. Je venais à peine de faire connaissance avec cette méthode et, pour être honnête, je ne croyais pas tellement à son efficacité. Toujours est-il qu'après avoir franchi l'étape « poids, chaleur, calme », je me répétai mentalement une quarantaine ou une cinquantaine de fois: « La chaleur me parcourt les jambes, elle remonte jusqu'au bout de mes orteils. » Et sans m'en rendre compte, c'est ainsi que je me suis endormi.

Ce n'est que le lendemain, en me remémorant ce qui s'était passé, que je pus constater avec quelle rapidité la formule employée avait agi sur mon corps. Il m'a d'ailleurs fallu un certain temps avant que je me remette de mes émotions. Pensez donc: il suffisait que je me concentre pour réchauffer mes pieds quand bon me semblait! Mais revenons à nos moutons: l'apprentissage de cette méthode extraordinaire n'est pas encore terminé pour vous!

Troisième étape: Respiration et rythme cardiaque

Cette étape ne vous est pas totalement inconnue, puisque vous avez déjà régularisé votre respiration. Vous allez maintenant vous détendre encore plus profondément en répétant six fois la formule:

• « Je respire calmement et régulièrement! »

Comme avait coutume de dire mon professeur de training autogène, « imaginez que tout votre être respire ».

71

Avec le temps, la respiration se fera d'elle-même, sans qu'il vous soit nécessaire d'y réfléchir.

Vous régularisez ensuite le rythme cardiaque en répétant six fois la formule:
  • « Mon coeur bat calmement et puissamment! »

Cette formule ayant un effet bénéfique sur tout le système sanguin, elle permet de mieux contrôler la chaleur du corps. Si, pour quelque raison, le terme « puissamment » vous agace, contentez-vous de répéter: « Mon coeur bat calmement et régulièrement! » Évitez cependant de dire: « Mon coeur bat lentement! »

Quatrième étape: Le plexus solaire

La région ventrale, appelée également plexus solaire, joue un rôle extrêmement important. Malheureusement, nous ne lui prêtons attention qu'en cas de troubles digestifs. nous contentant d'ingurgiter divers comprimés et d'espérer que nos malaises disparaîtront bientôt. La formule suivante vous permettra de garder votre estomac en bon état:
  • « La chaleur se répand dans le plexus solaire! »

Mon fils avait quatorze ans lorsqu'il commença à s'intéresser au training autogène. Après avoir pratiqué quelques semaines les exercices que nous avions jugés appropriés à son âge, il vint me trouver en disant: « Chaque fois que je répète 'La chaleur se répand dans le plexus solaire!', je sens des fourmillements dans l'estomac et tous mes gaz s'échappent. Je digère beaucoup mieux qu'auparavant. »

C'est l'un des effets de l'utilisation de cette formule. Le plexus solaire est par ailleurs le siège des émotions et un centre vital important; par exemple, une personne sujette au trac éprouve souvent des crampes d'estomac. C'est pourquoi il importe d'assurer le contrôle de cette partie du corps.

Cinquième étape: Le front et le cerveau
Répétez six fois la formule:
- « Mon front est agréablement frais! »

Cela permet au front de se décontracter. Pour ma part, j'utilise également l'une ou l'autre des formules suivantes: « Mon nez est entièrement décontracté! » ou « Mon visage est entièrement décontracté! »

Si vous êtes sujet aux maux de tête, utilisez cette formule:
- « Mon cerveau est parfaitement irrigué! »

Elle m'a permis d'éliminer de nombreux maux de tête!

Sixième étape: Le retour à la normale
À chaque séance de training autogène, il vous faudra franchir cette étape même si vous ne faites qu'un seul des exercices précédents. Elle vous permet de revenir sans heurt à la réalité. Pour en illustrer l'importance, mon professeur ne manquait jamais de nous rappeler ce qui était survenu à un de ses élèves. Ce dernier, un médecin, rentrait chez lui ce soir-là lorsqu'il s'endormit au volant. Comme il avait négligé de se réveiller complètement avant de quitter la classe, il s'était replongé involontairement dans l'état de méditation à l'arrêt d'un feu de circulation!

Il existe différentes techniques de retour à la normale. Pour ma part, je répète d'abord six fois, en les concentrant en une seule formule abrégée, les formules de la deuxième étape: « Très lourd! très chaud! entièrement calme! » Avec un peu de pratique, vous serez d'ailleurs à même d'abréger pareillement les autres formules et de ne les utiliser qu'à une ou deux reprises, sans qu'elles perdent pour autant leur effet. Pour vous réveiller, terminez comme suit:

- « Bouger les bras, respirer profondément, ouvrir les yeux! »

Vous ramenez les poings sur la poitrine, respirez profondément et écarquillez les yeux en vous étirant et en chassant l'air de vos poumons. En présence d'autres personnes, desserrez simplement les poings (que vous laissez le long de votre corps) et expirez calmement.

À condition de parcourir ces six étapes, vous maîtriserez bientôt le training autogène. Si certains aspects de cette technique vous paraissent encore obscurs, c'est à force d'entraînement plus que de réflexions ou de conseils que les choses s'éclairciront. Plus tôt vous commencerez, plus tôt vous surmonterez les difficultés!

« Il m'a fallu trois semaines pour m'habituer au training autogène, mais aujourd'hui, il me manque quelque chose si je ne le pratique pas tous les jours. »

Cette citation est de mon fils. Par un dimanche après-midi, je lui avais enseigné les exercices fondamentaux du training autogène et nous avions convenu qu'il chercherait désormais à résoudre seul ses problèmes, cas d'urgence exceptés. Plus tard, à mes questions sur ses progrès, il me fit la réponse qui sert d'en-tête à ce chapitre. Il n'avait que quatorze ans; depuis, il fait ses exercices régulièrement matin et soir. Il affirme: « Cette pratique quotidienne me donne une énorme confiance en moi. » Il réussit d'ailleurs mieux à l'école, ne craint plus les examens, se lie plus facilement avec les adultes et jouit d'une meilleure concentration dans la pratique de son sport préféré, le jiu-jitsu.

Il n'en savait guère plus que vous lorsqu'il se mit à l'oeuvre; ce qui le poussa à continuer, c'était son désir de réussir en classe, d'avoir confiance en lui-même face aux adultes et, surtout, de surclasser ses adversaires au jiu-jitsu. Comme je lui avais assuré que le training autogène comblerait tous ses désirs, il ne se fit pas prier pour apprendre!

Certains d'entre vous seront peut-être déçus de ne pas recevoir davantage d'instructions avant de se jeter à l'eau. C'est par pure paresse que les gens veulent se faire dire exactement quoi faire et quoi penser. Vous n'ignorez certes pas que les solutions de facilité présentent généralement peu d'intérêt parce qu'elles sont pensées par d'autres. Par contre vous tiendrez davantage à une solution qui vous aura demandé courage et efforts:

● « Pourquoi tant d'efforts, si c'est pour abandonner aussitôt? » vous demanderez-vous. Et
vous ferez face aux difficultés.

● « Ce que je viens de réussir, je ne l'ai pas
volé! » direz-vous fièrement. Le moindre succès
augmente votre confiance et vous encourage à
continuer.

● Les expériences personnelles renforcent votre
attachement à ce que vous faites; à chaque étape,
le plaisir et la curiosité augmentent, cependant
que la crainte et le doute s'atténuent.

Avant de terminer cette leçon, permettez-moi encore
quelques remarques:

1. En apprenant le training autogène, ne recher-
chez pas la perfection. Faites-le pour votre plaisir,
sans esprit de compétition. Faites vos exercices
tous les jours, même si votre voisin prétend s'y
connaître mieux que vous.

2. Ne vous laissez pas décourager par les insuccès des premières semaines. Les quelques minutes
que vous sacrifiez chaque jour à ces exercices
porteront bientôt fruit.

3. Quand maîtrise-t-on suffisamment une étape
pour passer à la suivante? La réponse dépend de
vous; soyez attentif, suivez votre intuition, et un
jour vous sentirez des fourmillements dans les
jambes, vous serez envahi par un profond sentiment de calme ou vous ressentirez un grand bien-
être dans la région du ventre.

4. Si, après quelques semaines de patients exercices, vous attendez toujours la récompense de
vos efforts, il vous faudra probablement adopter
une nouvelle tactique:

● Le prochain chapitre devrait vous encourager dans la poursuite de vos efforts.

● Un livre spécialisé pourrait contenir des renseignements que je n'ai pas su vous communiquer.

● Un cours de training autogène pourrait résoudre votre problème.

Quels que soient les efforts que vous déploierez, je suis persuadé que le jeu en vaut la chandelle!

Résumé

Si les renseignements contenus dans les pages précédentes ont retenu votre attention, j'en suis ravi! Toutefois, ils ne vous seront utiles que si vous prenez chaque jour le temps de faire les exercices décrits. Considérez le training autogène comme un auxiliaire à votre service. Plus il prendra de force, plus il vous aidera à réaliser vos objectifs.

Retenez-en bien les différentes étapes:
1. Position confortable, respiration, harmonie
2. Piods, chaleur, calme
3. Respiration et rythme cardiaque
4. Le plexus solaire
5. Le front et le cerveau
6. N'oubliez jamais de revenir à la réalité.

Quatrième leçon

Maintenant que les techniques de base du training autogène vous sont familières, vous allez découvrir dans les chapitres suivants quelles formules utiliser pour cesser de fumer, obtenir une meilleure concentration, éliminer la douleur ou réaliser vos projets. Que vous souhaitiez faire face aux problèmes quotidiens ou combler vos désirs les plus chers, le training autogène vous permettra d'atteindre des résultats surprenants à condition que vous fassiez preuve de patience et de persévérance.

Vous aussi pouvez réussir l'impossible!

Les exploits du docteur Lindemann* ne sont sans doute pas à la portée du premier venu, mais ce n'est pas sans raison qu'on les cite en exemple. Ses courageuses traversées de l'Atlantique ayant prouvé l'efficacité du training autogène, il n'est pas vain de chercher à savoir comment il s'y est pris. Il en étudia d'abord les techniques de base jusqu'à les maîtriser parfaitement. Certains se contenteront peut-être d'en être arrivés à ce stade alors que d'autres, comme le docteur Lindemann, voudront éveiller et utiliser les forces qui sommeillent en eux.

Six mois avant son second périple en mer, Lindemann avait conditionné son subconscient aux dangers à venir en se répétant sans cesse, du matin au soir: « Je réussis! » Cette formule était partie intégrante de son entraînement; il l'écrivit plus tard, « chacune des cellules de mon corps en était imprégnée, elle était devenue pour moi une seconde nature. » Après trois semaines d'entraînement intensif, une immense confiance qu'on pourrait qualifier de mystique l'envahit et le poussa à tenter à nouveau l'aventure!

Résultat? Écoutons le docteur Lindemann: « Durant la traversée, la formule me revenait à l'esprit dès qu'un danger se manifestait. Par exemple, lorsque je chavirai pour la première fois, je sentis soudain comme une force surgir de nulle part, s'emparer violemment de mon esquif

---

*Aujourd'hui assagi, le docteur Lindemann se contente de pratiquer la médecine et d'enseigner la méthode qui lui permit d'accomplir ses exploits. (N. D. T.)

et le remettre à flot. J'étais comme ivre. » Le pouvoir des mots n'est-il pas étonnant! Mais encore plus étonnant est le fait qu'une méthode aussi simple soit à la portée de tous, ne trouvez-vous pas?

Voyons donc d'un peu plus près comment fonctionnent ces formules. Mon intention n'est évidemment pas de vous faire part des théories que certains chercheurs ont élaborées à ce sujet, mais plutôt de vous dire en termes simples comment, selon moi, les choses se déroulent. Ainsi, quand j'imprime volontairement une idée dans mon subconscient, celle-ci semble agir automatiquement le moment venu. Ce qu'on appelle « volonté » ne joue ici aucun rôle; au contraire, tout ce qui est ambition ou effort de volonté vient rompre le charme. Le training autogène permet donc de programmer en douce le subconscient, et c'est lui qui réagit en temps opportun.

- Si je dis, par exemple: « Je fais un somme et dans une heure je serai frais et dispos », cette formule suffit à me tirer du sommeil à l'heure dite.
- Je peux également influencer mon subconscient: « Dès que je commence à rougir, mon sang se dirige vers les pieds plutôt que vers le visage. » Il obéira en temps et lieu, non pas à ma volonté, mais à l'ordre que je lui ai donné quand j'étais en état de relaxation.

Vous connaissez sûrement des gens qui se couchent en se disant: « À cinq heures je suis debout! » et qui, effectivement, se réveillent à l'heure le lendemain. De même, une mère peut très bien continuer à dormir pendant une tempête, mais se réveiller au moindre cri de son enfant. Cette faculté existe en chacun de nous, mais nous avons négligé de l'entretenir; nous préférons le son du réveille-matin! Le training autogène n'invente rien; il permet d'utiliser efficacement et consciemment nos facultés endormies. Son champ d'application est presque illimité et, comme il ne demande aucun effort ni connaissance particulière et qu'il ne relève pas de la sorcellerie, il est véritablement accessible à tous. Tout au plus vous faut-il en maîtriser les techniques de base et imaginer les formules que vous souhaitez voir reprises par votre subconscient. Nous allons d'ailleurs étudier ces formules plus en détail dans le chapitre suivant mais, auparavant, deux remarques:

Premièrement:

Si le training autogène permet d'accomplir des choses remarquables, n'oubliez jamais que sa pratique doit s'insérer dans un programme de vie plus complet et bien défini, car il touche à tous les domaines. Il peut vous aider à supporter un mal de dents en attendant de consulter le dentiste, à maîtriser la peur des examens, la peur de parler en public, etc. Il peut aussi vous aider à conserver la santé ou à la recouvrer, à condition que vous adoptiez les mesures appropriées.

Ainsi, les experts s'entendent pour dire qu'un non fumeur qui surveille son alimentation et pratique régulièrement des activités au grand air a moins de chance d'être victime du cancer. Si vous fumez sans arrêt, les choses ne sont donc pas si simples. Toutefois, le training autogène peut vous aider à cesser de fumer si vous consentez à en apprendre les principes de base et à vous armer de patience.

Deuxièmement:

La patience est, effectivement, de rigueur. Trop nombreux sont ceux qui abandonnent au milieu d'un cours ou après s'être procuré livres et cassettes de training autogène. Au-delà des premières déceptions, leur enthousiasme initial est impuissant à leur donner les fruits qu'un peu de patience et de persévérance leur permettrait de récolter. Ils espèrent obtenir du jour au lendemain ce qui ne s'acquiert qu'avec le temps et la pratique.

Il m'apparaît par conséquent plus souhaitable d'aborder l'étude du training autogène en gardant l'esprit sceptique et en se disant: « Quoi qu'il advienne, je consacre les six prochains mois à l'apprentissage de cette technique. Si les résultats sont conformes à mes attentes, tant mieux! Sinon, je déciderai si je veux continuer ou non. »

Quinze formules que vous pouvez adapter à vos besoins

Voici quinze formules qui ont fait leurs preuves et que vous pouvez reprendre ou modifier à votre guise:

● Pour étudier: « J'apprends facilement, je retiens aisément! »

● Pour soulager un mal de dents ou toute autre douleur: « L'inflammation disparaît! » ou « Je reste insensible à la douleur! »

● Pour faciliter la digestion: « Mon intestin fonctionne normalement, l'évacuation se fait tous les jours! »

● Pour faciliter le sommeil: « Je dors paisiblement et profondément! »

● Pour combattre la chaleur: « Ma peau reste fraîche, la chaleur me laisse indifférent! »

● Pour ceux qui ronflent: « Je dors paisiblement, sans faire de bruit! »

● Pour se lever tôt: « Dès six heures, je m'éveille frais et dispos! »

● Pour maîtriser le trac: « Je pense et agis avec assurance! »

● Pour maîtriser la peur et les inhibitions: « La peur me laisse indifférent! » ou « Mon patron me laisse indifférent! » ou encore « Peu m'importe ce que pensent les autres! »

● Pour cesser de fumer: « La cigarette me laisse totalement indifférent! »

● Pour régler des problèmes d'ordre sexuel: « Je me sens à l'aise en compagnie des femmes! » ou « Je fais l'amour avec aisance et assurance! »

● Pour combattre le stress au volant: « Je conduis avec aisance et assurance! » ou « Mon attention est concentrée, mes réflexes sont aiguisés! » ou encore « Je reste calme et de bonne humeur! »

- Pour maîtriser la peur des examens: « Je réussis l'examen sans penser à l'examinateur! »
- Pour combattre la jalousie: « Je reste indifférent à la jalousie! »
- Pour ceux qui craignent l'avenir: « J'envisage l'avenir avec optimisme et confiance! »

Si vous désirez en savoir davantage sur l'emploi des formules, je vous recommande le petit ouvrage du docteur Klaus Thomas* *Praxis der Selbsthypnose des Autogenen Trainings (L'Auto-hypnose par le training autogène)*, qui mentionne des cas étonnants de guérison. Selon le docteur Thomas, un jeune homme aurait réussi à soigner de graves affections du cuir chevelu en employant la formule: « Mes pellicules disparaissent! » Le docteur Thomas prétend également qu'on peut éliminer les verrues en répétant l'une ou l'autre des formules suivantes: « La verrue n'est plus irriguée, elle se détache! » ou « La verrue se dessèche et se réduit! »

Que ces formules vous servent d'exemples! Utilisez-les à votre gré ou inventez-en de nouvelles au besoin, que ce soit pour des objectifs à court terme (vaincre la douleur, réussir un examen, se lever tôt, etc.) ou pour des projets à plus long terme comme il en a été question dans la deuxième leçon.

Peut-être avez-vous remarqué l'emploi répété de mots tels que « indifférent », « paisiblement » ou « avec aisance et assurance » dans les formules précitées. Ces mots soulignent l'importance de prendre du recul face aux difficultés et de toujours agir patiemment et sereinement. Il est essentiel de persévérer dans ses entreprises mais inutile de

---

*Le lecteur francophone trouvera sans doute des ouvrages similaires parus dans sa langue maternelle. (N. D. T.)

forcer les choses. Contentez-vous par conséquent de répéter inlassablement vos formules et laissez votre subconscient faire le reste!

Si vous désirez inclure une nouvelle formule dans votre programme quotidien, rien de plus facile. D'après le professeur Schultz et ses disciples, il suffit de la placer juste avant l'étape du réveil et de la répéter entre dix et trente fois les premiers jours. Pour ma part, je tire grand profit de la séquence suivante:

1. Position confortable, respiration, harmonie.
2. Je répète jusqu'à six fois: « Très lourd! très chaud! entièrement calme! »
3. Jusqu'à six fois: « Je respire calmement et régulièrement! » et « Mon coeur bat calmement et puissamment! »
4. Jusqu'à six fois: « La chaleur se répand dans le plexus solaire! »
5. Jusqu'à six fois: « Mon front est agréablement frais! » ainsi que « Mon cerveau est parfaitement irrigué! » chaque fois que mon esprit est tendu.
6. À ce stade, j'introduis une formule qui doit m'être utile à court terme (contre la douleur ou contre le stress au volant, par exemple) et que je répète entre dix et trente fois.
7. Je passe ensuite mentalement chaque partie de mon corps en revue en répétant: « Complètement détendu! » Cet exercice s'inspire d'ailleurs d'une méthode chinoise de guérison mentionnée précédemment.
8. Je répète ici de dix à trente fois une formule qui doit m'être utile à long terme, comme par exemple: « J'envisage l'avenir avec optimisme et confiance! » Je m'en sers généralement pendant un mois puis je la laisse de côté, que les résultats

attendus se produisent ou non, pour la reprendre quelques semaines plus tard.

9. Je termine en disant: « Très lourd! très chaud! entièrement calme! » et je me réveille.

Je répète ce cycle d'exercices *tous les matins et tous les soirs*. Leur durée dépend de divers facteurs et, en particulier, de la rapidité avec laquelle j'arrive à me détendre. Il est par ailleurs essentiel d'être en état de relaxation totale pour que les formules agissent efficacement. Je ne puis évidemment vous décrire comment on se sent dans un tel état, mais voici le récit de quelques expériences personnelles.

Comment j'ai cessé de fumer

Il y a quelques années, je pris la décision de cesser de fumer une fois pour toutes. Comme bien des fumeurs invétérés, j'avais vainement tenté l'expérience à maintes reprises; cette fois, je recourus au training autogène. Par deux fois, je répétai durant cinq semaines la formule: « La cigarette me laisse indifférent! » — sans résultats!

Profondément déçu, je commençais à douter de la valeur du training autogène. Mais je me ressaisis bientôt et résolus de persévérer coûte que coûte, même si je devais y consacrer dix années. Trois semaines plus tard, je constatais avec stupeur que je fumais plus que jamais. Je poursuivis néanmoins mon conditionnement mental, tout en m'interrogeant sur ce qui n'allait pas. Un obstacle empêchait certainement ma résolution de prendre effet, mais je n'arrivais toujours pas à le repérer.

Ce combat quotidien se poursuivit encore six ou sept mois sans succès, mais j'étais déterminé à ne pas abandonner la lutte. Je manifestais sans doute une véritable indifférence à l'égard de la cigarette, mais j'étais probablement encore trop attaché à l'idée de fumer. En fait, je voulais tellement cesser de fumer que mon esprit se heurtait à cette idée. De même, le désir de me vanter de mon exploit rendait mon échec encore plus humiliant. Si obstacle il y avait, il était donc dû à ma peur de l'échec et à ma trop grande ambition.

Une fois cette vérité admise, je trouvai bientôt le remède à mon mal. En plus de la formule pour cesser de fumer, je répétais également celle-ci entre dix et trente fois par séance: « Cesser de fumer me laisse indifférent! » Six semaines plus tard, sur le point d'ouvrir un paquet neuf de cigarettes, je le déposais, intact, sur la table où je l'avais pris. Je ne fume plus depuis et je n'en sens pas la nécessité.

Si cette longue expérience m'a été profitable, c'est qu'elle m'a obligé à réfléchir et à trouver une solution à mon problème. Si je m'étais contenté de me plaindre à des tiers et d'écouter leurs conseils, il ne se serait rien passé. D'où l'importance, à mon avis, de remettre en question les connaissances acquises et de se fier avant tout à ses propres expériences. C'est le meilleur moyen de se prendre en main, de prendre plaisir à la vie et d'augmenter sa confiance en soi.

J'avoue par ailleurs que l'exemple d'un de mes bons amis m'avait grandement encouragé à persévérer. Celui-ci avait coutume d'affirmer qu'il connaissait une meilleure méthode que le training autogène, et nous ne manquions jamais d'avoir de longues discussions sur le sujet. Comme il avait réussi à régler de façon « naturelle » un problème d'impuissance, c'était son cheval de bataille.

Marié et divorcé à deux reprises, il connaissait pas mal de succès auprès des femmes et sa réputation redoublait sa confiance en ses moyens. Aussi, lorsqu'il se mit, à quarante-sept ans, à connaître des défaillances sur le plan sexuel, il crut, avec dépit, que sa carrière amoureuse était terminée. Refusant d'admettre la vérité, il tenta d'abord de donner le change, mais en vain. Il avait beau penser: « Cela ne vas tout de même pas m'arriver à moi! », il dut se rendre à l'évidence. J'ignore si je fus le seul à qui il se confia, mais il faisait pitié à voir ce jour-là. On aurait dit Superman tombé des nues!

Je le perdis de vue par la suite et j'ignore par quels moyens il tenta de recouvrer sa virilité. Mais je le revis un jour et il me confia qu'il avait réglé son problème (d'ordre psychique plus que physiologique) de manière étonnante. Sa méthode, très simple, indique bien les infinies possibilités du training autogène dont mon ami, soit dit en passant, ignorait tout à l'époque. Son remède? Il s'autosuggestionnait, matin, midi, soir et à la moindre occasion, en se répétant: « Mon pénis est adéquatement irrigué et je jouis de toute ma vitalité quand je fais l'amour! » Il était déterminé à se servir de cette formule jusqu'à la fin de ses jours car, ajouta-t-il, « si elle ne m'aide pas, elle ne me nuit certainement pas! »

Selon lui, il lui avait fallu huit mois avant de connaître à nouveau le succès. Non seulement sa réputation fut-elle sauvée, mais il jouissait désormais d'une confiance accrue en lui-même! Pour ma part, cette bonne nouvelle m'encouragea dans mes démarches et me persuada qu'à force de persévérance, je cesserais de fumer. J'en ai maintenant la conviction, ceux qui persévèrent en dépit des obstacles atteignent immanquablement leurs buts.

Apprendre le training autogène, c'est bien, mais vous pouvez faire encore mieux!

À la fin de cette leçon, je ne prétendrai pas avoir tout dit sur le training autogène et sur ses merveilleuses et innombrables possibilités d'application. Vous en connaissez tout au moins les fondements et vous n'ignorez pas qu'il importe de le mettre en pratique à la première occasion. N'oubliez pas non plus qu'il n'est qu'un instrument destiné à vous aider à vous prendre efficacement en main. Utilisez-le et bientôt les influences extérieures, présentes et passées, n'auront plus de prise sur vous. Même si l'on tente de se servir de vous et de vous plier aux règlements, vous resterez maître de la situation.

Parents, médecins, professeurs, politiciens et tous ceux qui agissent d'autorité détestent qu'on leur crée des ennuis. Si vous êtes satisfait d'agir comme la masse des gens et de suivre docilement le troupeau, vous ne ressentirez sans doute jamais le besoin de prendre votre sort en main. Mais si vous souhaitez mener une vie plus conforme à vos désirs, vous devrez, d'une part, définir clairement vos objectifs et, de l'autre, prendre les moyens de vous libérer de l'emprise du monde extérieur. Or, vous ne l'ignorez plus, c'est par le chantage que les autres obtiennent de nous ce qu'ils veulent. À celui qui a l'habitude de n'agir que sous la pression extérieure, il sera difficile de faire preuve de discipline personnelle et de maîtrise de soi. C'est ici que le training autogène peut (entre autres méthodes) venir à votre rescousse.

En voici un exemple. Une femme âgée de trente-sept ans souffrait d'angoisse en permanence. Souvent, elle se réveillait la nuit en sursaut avec l'impression d'étouffer. Elle éprouvait aussi de fréquents et violents maux de tête, ainsi que des douleurs à la poitrine. Cela ne manquait pas de l'inquiéter car elle ignorait l'origine de ses malaises. Elle se mit à boire et à fumer énormément, dans l'espoir sans doute d'échapper à la réalité. Car la réalité, c'est qu'elle vivait encore avec sa mère, connaissait un homme qui n'avait pas le courage de la demander en mariage et était éprise d'un patron indifférent à ses charmes.

Disciplinée au travail, cette femme gagnait bien sa vie à la tête d'un département d'entreprise mais, sans trop savoir pourquoi, elle était insatisfaite de son sort. C'est alors qu'elle se mit à faire des crises d'angoisse. Assez curieusement, elle avait supporté jusque-là sans rien dire les souffrances morales que lui imposait sa condition de vieille fille, sachant que personne ne pouvait lui venir en aide. Mais dès que son corps se mit à souffrir, elle consulta aussitôt le médecin dans l'espoir qu'il la guérirait. Ce dernier lui conseilla de prendre un peu de repos et lui prescrivit une série de médicaments dont elle ne sut jamais à quoi ils devaient servir, car ils ne servirent effectivement à rien. Elle fit ensuite une cure dans une station thermale réputée et, après de nombreux traitements, put reprendre son ancien travail. Trois semaines plus tard, ses malaises reprenaient avec plus d'intensité qu'auparavant.

D'abord convaincue que les médecins trouveraient un remède à son mal, elle commençait à émettre des doutes à ce sujet. Elle demeurait néanmoins persuadée qu'un spécialiste ou un savant saurait lui porter secours. Elle devint donc une habituée des salles d'attente. Malheureusement pour elle, ni les examens, ni les diagnostics, ni les traitements ne lui furent d'une grande utilité. C'est alors que ma femme, qui la connaissait, lui parla du training autogène et des bienfaits qu'elle-même en avait retirés lors de la naissance de notre second fils.

Cette femme se mit donc à apprendre le training autogène et, grâce à l'emploi de la formule « Mon cerveau est parfaitement irrigué! », ses maux de tête disparurent bientôt. Sa situation générale s'était même légèrement améliorée mais, de toute évidence, le training autogène ne pouvait guérir ses autres maux. Les choses n'en restèrent cependant pas là. Elle lut un jour dans un magazine qu'un médicament du nom de « Strodival » pouvait guérir les maux dont elle souffrait. Bien que la plupart des médecins n'en connaissent pas l'existence ou refusent tout simplement de le prescrire à leurs patients, cette femme, à qui il ne serait jamais venu à l'esprit de dire à son médecin quoi lui prescrire, exigeait maintenant du « Strodival ».

Elle était d'avis de ne plus s'en laisser imposer par des médecins qui n'avaient pas su la guérir. Aussi, lorsque son médecin de famille lui répliqua: « Vous n'allez tout de même pas m'indiquer quoi mettre sur votre ordonnance! », elle le mit devant l'alternative suivante: « Ou vous me donnez ce Strodival ou vous ne me verrez plus. » Le même jour, elle se confiait à un nouveau médecin! Elle obtint le remède tant convoité et ses douleurs de poitrine disparurent rapidement. Fière de son audace, elle comprit qu'elle pouvait désormais mener sa vie à sa guise:

- Elle avait pris l'initiative de soulager elle-même ses maux de tête en pratiquant le training autogène.
- Elle avait elle-même trouvé le remède à ses autres souffrances, après avoir accordé trop longtemps une confiance aveugle aux médecins.
- Ayant retrouvé pleine confiance en elle-même, elle se demanda: « Pourquoi ne viendrais-je pas à bout toute seule de mes autres difficultés? »

Effectivement, elle prit de plus en plus les choses en main. Elle se servit tout d'abord du training autogène et de la formule suivante pour se défaire d'un premier problème: « Mon patron me laisse indifférente. C'est un homme comme les autres! » Convaincue qu'une relation durable était impossible entre eux, elle rompit ensuite avec son ami. Enfin, elle prit sa mère à part et lui exprima clairement ses intentions en ces termes: « Chère maman, je t'aime beaucoup mais je ne suis plus une petite fille. Ou tu me laisses décider de ma vie comme je l'entends ou l'une de nous deux devra quitter cette maison. » Depuis, les relations semblent au beau fixe entre mère et fille!

Sous bien des aspects, l'histoire de cette femme m'apparaît caractéristique de la vie de beaucoup de gens:

    1. Par respect pour sa mère, par amour pour son patron et dans l'espoir d'être guérie par la médecine, cette femme de trente-sept ans a longtemps laissé les autres décider de sa vie.

    2. Déçue des médecins, elle prend soudain l'initiative de chercher elle-même des solutions à ses problèmes.

    3. Ses premiers succès lui donnent confiance en elle-même et l'encouragent à poursuivre dans cette voie.

    4. Elle décide de refaire sa vie en oubliant ses illusions amoureuses et en tirant la situation au clair avec sa mère et avec un homme peu enclin à prendre des initiatives.

Tout au long de ce processus d'épanouissement, le training autogène a permis à cette femme de réfléchir par elle-même et de cesser de dépendre de ceux qui prétendaient détenir l'autorité sur elle. Après avoir trouvé un remède que les médecins avaient négligé de lui prescrire, elle s'était décidée à passer à l'action. Écoutons ce qu'elle m'a raconté récemment à ce sujet: « À la suite de ces incidents, j'ai soudain compris que je m'étais jusque-là résignée à mon sort. Au lieu de vivre comme je le désirais, je me contentais de faire ce que les autres attendaient de moi. Et voilà que tout à coup j'ai découvert le plaisir d'agir comme je l'avais décidé! » Comme vous voyez, si le training autogène a été le point de départ de l'émancipation de cette femme, les choses n'en sont pas restées là!

Résumé

Les formules utilisées pendant les séances de training autogène ont pour but d'ancrer dans votre subconscient des idées que vous souhaitez voir prendre forme dans votre vie. Par la suite, votre subconscient vous pousse à agir au moment opportun dans le sens de vos intentions. Le succès ne dépend ni de votre volonté ni de votre ambition; au contraire, il est impératif de faire preuve de patience et de persévérance tout au long de votre entraînement. Vous pouvez inclure certaines formules temporaires dans votre programme d'exercices; il suffit de les répéter entre dix et trente fois.

Cinquième leçon

Les gens sont souvent plus attentifs aux besoins de leur automobile qu'à ceux de leur propre corps. Certains en savent davantage sur tout et sur rien que sur eux-mêmes, d'autres considèrent leur corps comme un poids inutile à porter. Rien de surprenant à ce que celui-ci se venge un jour ou l'autre!

Cette leçon est consacrée au corps humain. Il y est donc question de santé et de maladie; vous n'y trouverez cependant aucun conseil pour maigrir ou rester en forme. Vous y apprendrez plutôt comment vivre *avec* votre corps au lieu de lutter *contre* lui. Si, à la fin de ce chapitre, vous croyez devoir changer certaines habitudes corporelles, faites-le rapidement et pour votre plus grand bien!

Pourquoi il importe de toujours penser « santé »

L'industrie des produits de beauté brasse des milliards parce que la plupart des gens croient que c'est au maquillage qu'on reconnaît la beauté. De même, l'industrie pharmaceutique prospère en promettant de guérir les maladies. À en juger d'après leurs dépenses dans ces domaines, tous les humains devraient depuis longtemps être beaux et en bonne santé! Or, ce n'est pas le cas; aucune industrie, aussi prospère soit-elle, ne peut remplacer ce que nous sommes seuls à pouvoir faire pour notre corps.

Mais que font les gens de leur corps? Ils en sont si peu conscients qu'ils ne craignent pas de le soumettre aux pires traitements et de laisser des inconnus le défigurer. Comme des agneaux de sacrifice, ils sont des milliers chaque jour à subir le bistouri parce qu'ils sont persuadés de la nécessité de se faire enlever l'appendice, les amygdales, l'estomac, une jambe, etc. Ils croient leurs médecins sur parole et ne se donnent pas la peine de vérifier si l'ablation de l'appendice ne présente aucun danger ou si une amputation est nécessaire.

Les gens sont impuissants à imaginer d'autres remèdes à leurs maux ou, quand de tels remèdes existent, à exiger qu'ils leur soient administrés. Pourtant, rien ne prouve que les médecins recourent toujours aux meilleurs remèdes, au contraire! Il faut souvent des années et des milliers et des dizaines de milliers de victimes avant qu'un nouveau produit soit scientifiquement approuvé et utilisé à des fins thérapeutiques.

Mais revenons à nos moutons et, en particulier, au fait que la plupart des gens ne se souviennent de leur corps que le jour où il les fait souffrir. Si vous êtes dans cette catégorie, vous êtes engagé sur une voie dangereuse qui peut être lourde de conséquences, comme nous allons le voir à l'instant.

1. Le temps de l'innocence

La plupart des gens sont persuadés, du moins au début de leur vie, que le corps se garde de lui-même en bonne santé, sans imaginer que la maladie puisse les atteindre sérieusement. Si la maladie survient quand même, ils demeurent confiants: la médecine moderne saura les guérir.

2. Le temps de la négligence

Confiants en l'infaillibilité de la médecine, bien des gens négligent de prendre soin de leur santé. Ils préfèrent croire qu'une bonne ordonnance guérira tous leurs maux, que de se dire: « Je prends les moyens nécessaires à ma santé! » Voilà pourquoi tant de gens mangent et fument avec insouciance et négligent d'entretenir les défenses naturelles du corps. Malheureusement, aucun remède ne peut faire plus que nous pour notre santé; aucun médecin, malgré tout son savoir, ne peut nous maintenir en bonne santé. Il peut guérir mais, dans ce cas, le patient ne présente plus d'intérêt pour lui.

Notre plus grande erreur, c'est de prendre la médecine pour ce qu'elle n'est pas. Elle n'est ni un refuge pour malades à l'article de la mort, ni une fabrique à miracles! En réalité, la médecine est une branche de l'économie qui prospère parce que nous sommes souvent malades! Croire le contraire équivaut à croire aux miracles, ce qui explique pourquoi si peu de gens prennent la peine de veiller à leur santé.

3. Le temps de la souffrance

Vient un moment où, après avoir été longtemps négligé, le corps prend sa revanche. En voici quatre exemples courants:

- Les gens s'habituent à la cigarette avec l'espoir que leurs poumons tiendront le coup. Quand les troubles font leur apparition, ils n'ont plus le courage de s'en priver.
- Ils prennent du poids parce qu'ils mangent mal et trop. Ils sont malgré tout incapables de changer leurs habitudes alimentaires.
- De même, ils surchargent leur appareil digestif tout en espérant trouver un remède à leurs maux d'estomac!
- Ils négligent d'améliorer ou de maintenir leur condition physique par des exercices appropriés et se surprennent d'être vulnérables au moindre virus.

En conclusion, il importe de prévenir sous peine de souffrir inutilement; car la maladie n'indique pas seulement une défaillance physique: elle signale un déséquilibre du corps tout entier!

4. Le temps du mensonge

Une personne malade tend généralement à se leurrer sur son sort car, comme nous tous, elle recherche d'abord les solutions de facilité et, si possible, évite de regarder la triste réalité en face. Rien de surprenant alors que tant de gens croient presque religieusement aux pouvoirs de la médecine, car c'est là le meilleur prétexte pour négliger leur santé. Inutile de dire qu'une telle attitude fait le bonheur de l'industrie médicale et pharmaceutique! D'ailleurs, qui l'en blâmerait? Si les gens préfèrent soulager superficiellement leurs souffrances plutôt que de prendre les moyens de les prévenir, à qui la faute?

J'ai lu récemment qu'il y a cinq cents ou mille ans, les familles chinoises à l'aise retenaient les services d'un médecin afin que celui-ci veille à la santé de tous. C'était d'ailleurs dans son intérêt, puisqu'on ne lui versait d'honoraires que si tous les membres restaient en bonne santé! J'ignore si une telle approche du rôle de la médecine a réellement existé, mais l'approche moderne y est diamétralement opposée. Les médecins jouissent de l'impunité la plus totale cependant que les patients ne disposent d'aucun moyen de s'assurer qu'ils reçoivent les traitements adéquats.

Cela explique sans doute pourquoi tant de gens négligent de prendre soin de leur santé. On peut s'interroger sur les mesures à prendre pour changer un système aussi défaillant mais, si vous le voulez bien, nous allons laisser cette question à ceux qui croient de leur devoir d'y répondre et réserver nos énergies pour changer notre propre attitude face à ce problème. En d'autres termes, il ne tient qu'à vous de vous défaire de certaines habitudes nuisibles et de prendre votre santé en main!

Une histoire étonnante,
un exemple à suivre

Vous avez compris que le meilleur moyen de prévenir les maladies, c'est encore de prendre soin de sa santé et de ne pas trop compter sur les autres à ce sujet, puisque personne n'a intérêt à nous venir en aide de façon permanente. Voici une histoire authentique qui illustre bien les ressources dont dispose celui qui est prêt à prendre son sort en main.

Ernst Sikor gagnait sa vie comme pianiste dans un célèbre restaurant de Vienne. Il venait d'avoir cinquante ans lorsqu'il se mit soudain à souffrir d'arthrite. Le mal s'installa d'abord dans les genoux puis s'attaqua bientôt aux pieds, aux mains et à la colonne vertébrale. Inutile de dire que ses doigts le faisaient terriblement souffrir et que sa carrière en était sérieusement compromise. Il se décida donc à voir le médecin. Celui-ci l'envoya consulter un orthopédiste, qui l'envoya à un autre spécialiste, et ainsi de suite.

Chacun s'efforçait de déterminer les causes de la maladie mais, curieusement, le diagnostic variait d'un médecin à l'autre. Pour les uns c'était dû à l'âge, pour d'autres il s'agissait d'arthritisme, d'arthrose, de rhumatisme, de névralgie, de goutte, etc. Inutile de dire que ces messieurs ne s'entendaient pas davantage dans leurs ordonnances: radiothérapie, électrothérapie, bains sulfureux, bottines orthopédiques, médicaments en quantité, tout cela fit du bien, mais le mal persista et empira. Après cinq ans, Ernst Sikor en était réduit à se déplacer en fauteuil roulant.

Lorsqu'on lui demanda ce qu'un patient peut ressentir face à l'impuissance des médecins, il répondit: « Le désespoir s'empare de vous. Je me souviens qu'un soir j'étais rentré tordu de douleur après un bain sulfureux qui aurait dû me soulager. Alors je me suis dit: j'ai de moins en moins envie de vivre. » Mettons-nous quelques instants à la place de cet homme et essayons d'imaginer ses premières souffrances, son incapacité à combattre le mal, sa déception devant l'impuissance de la médecine et sa résignation devant l'inévitable. N'auriez-vous pas également été tenté de dire: « J'ai de moins en moins envie de vivre »?

Quand on en est à cette étape de la vie, il faut faire un choix: ou remettre son sort entre les mains de la Providence, ou prendre la résolution suivante: « Je cesse de faire aveuglément confiance à la médecine et je fais tout en mon pouvoir pour trouver un remède à mon mal. » Ernst Sikor opta pour cette dernière solution. Remarquons qu'il n'avait à l'époque aucune notion de médecine, mais qu'il avait fait la connaissance d'un médecin disposé à l'aider et à l'encourager dans ses initiatives. Cette histoire montre d'ailleurs qu'on devrait toujours considérer son médecin comme un *partenaire* et cesser d'exiger de lui ce qu'il n'est pas en mesure d'accomplir, à savoir des miracles. Comme tous les humains, il peut commettre des erreurs, être vaniteux ou connaître la peur, et il peut tout aussi bien exercer son métier par vocation que pour la gloire et l'argent. Telle est la réalité et il faut bien l'accepter, mais il ne tient qu'à nous d'exiger d'être traités convenablement.

De son côté, Ernst Sikor refusa de se voir condamner à l'infirmité par ses médecins. Il se mit donc en quête d'informations sur son mal et cessa de se contenter des maigres renseignements qu'on lui avait communiqués jusqu'alors. Ainsi, à partir d'une radiographie, il découvrit que ses os manquaient de calcium. Ce moment fut, pour lui, décisif. Sans attendre les conclusions des spécialistes, il passa à l'action, se fit prescrire des comprimés de calcium en dépit des hésitations de son médecin et en avala jusqu'à trente par jour!

Résultat? Rien. Son état s'améliora au début, mais tout redevint bientôt comme avant. Toutefois, en cessant de compter sur les autres, cet homme avait fait un premier pas dans la bonne direction et il était maintenant résolu à aller jusqu'au bout. Écoutons la suite:

Question: « Vous avez refusé de vous résigner à votre sort. Que s'est-il passé par la suite? »

Réponse de Sikor: « Je me suis mis à réfléchir. D'après mes renseignements, il me fallait trouver le moyen d'acheminer jusqu'aux os le calcium qui leur manquait. »

Q.: « Quelle a été la réaction de votre médecin? »

R.: « Il n'a rien dit mais je sentais que ces messieurs n'approuvaient guère mes initiatives. »

Q.: « Qu'avez-vous fait alors? »

R.: « Il m'est venu à l'idée de me servir de coquilles d'oeufs comme remède. »

Q.: « De coquilles d'oeufs! Avez-vous lu qu'elles pouvaient servir de médicament? »

R.: « Je n'ai rien lu de tel, mais je savais que j'avais besoin de calcium et je me suis demandé où je pourrais en trouver dans sa forme la plus pure. C'est alors que j'ai songé à prendre des oeufs de poule et à en utiliser la coquille avec la membrane interne. Ç'a été une idée géniale! »

Q.: « Et vous avez mangé les coquilles? »

R.: « Oui. J'étais persuadé qu'à cause de mon âge, mon corps n'arrivait pas à absorber les comprimés de calcium. »

Q.: « Comment cette idée géniale vous est-elle venue? »

R.: « Pour être franc, je l'ignore. À force de réfléchir sans doute. Je me suis dit que, si le calcium produit en laboratoire était inefficace, il me fallait en trouver à l'état naturel. C'est alors que cette idée a jailli dans mon esprit. »

Cependant, si Ernst Sikor n'avait pas d'abord commencé à s'intéresser à son corps et aux causes de sa maladie, il y a gros à parier que cette idée ne lui serait jamais venue à l'esprit. La fin de cette étonnante histoire est très simple. Écoutons à nouveau cet homme qui n'avait aucune connaissance médicale: « Je vidais les oeufs soigneusement (tout en laissant la membrane à l'intérieur et en utilisant le reste pour la cuisine), nettoyais les coquilles et les faisais sécher. Je les réduisais ensuite en poudre dans le moulin à café et j'en avalais chaque jour une pincée avec les comprimés habituels de calcium. »

C'est tout! S'il vous arrive de passer un jour par Vienne, arrêtez-vous au *Griechen-Beisl*. S'il n'a pas pris sa retraite depuis, vous y entendrez Ernst Sikor à son piano, les cheveux clairsemés, légèrement grassouillet. Il a recouvré l'usage de tous ses membres. Hasard ou miracle? Qu'en disent les médecins? Peu importe; à mon avis cette histoire montre:

> 1. qu'il est essentiel de connaître le fonctionnement du corps si on veut lui être utile au moment opportun;
> 2. qu'on ne devrait jamais laisser les médecins agir seuls, mais les considérer au contraire comme des partenaires dans la sauvegarde de notre santé.

J'avoue que Ernst Sikor a eu de la chance et que son cas est exceptionnel, mais il demeure un exemple à suivre dans la mesure où lui seul a pris la décision de se renseigner et d'agir en conséquence. D'ailleurs, lorsqu'on lui demanda: « Diriez-vous que, dans votre cas, les médecins ont failli à leur tâche? », il répliqua: « Je dirais plutôt que les médecins ne sont pas aussi compétents que Celui qui a inventé l'oeuf! » Sans doute a-t-il raison mais, je vous le demande, à quoi peut bien servir un oeuf si on ne se donne pas la peine d'en faire bon usage?

Comment j'ai guéri la crise de foie de ma femme

Cette leçon n'a sans doute pas encore répondu à vos attentes, car bien des gens avec qui j'en ai discuté m'ont demandé à ce stade: « Je vois très bien ce que vous voulez dire, mais pouvez-vous me dire ce que, dans mon cas, je dois faire? » C'est un signe des temps! Dès qu'ils savent ce qui leur manque, les gens cherchent à la ronde pour voir qui le leur donnerait rapidement et facilement: quel est le secret? avez-vous un bon tuyau?

Ce n'est pas de cette façon en tout cas qu'ils se rendront indépendants des influences extérieures! Pour se prendre véritablement en main, il faut répondre à deux conditions: être mentalement prêt et maîtriser les techniques appropriées. Or, cela demande du temps. C'est leur impatience qui empêche une majorité de gens d'atteindre leurs objectifs; ils attendent tout du monde extérieur au lieu de puiser dans leur for intérieur. En voici quelques exemples:

● Que fait une personne qui cherche à maigrir? Elle se découvre d'abord un régime ou une cure miracle afin d'en finir au plut tôt, se prive de manger pendant quelque temps ou s'inscrit dans un centre d'amaigrissement et, lorsqu'elle a quelques kilos en moins, se remet fièrement à manger aussi mal qu'avant!

● Que fait une personne qui veut retrouver la forme? Elle s'inscrit à un cours de conditionnement physique ou se procure quelques appareils de gymnastique. Résultat? Il traîne dans je ne sais combien de foyers de ces appareils parfois coûteux qui ne servent qu'occasionnellement et dont l'acquisition fut bien souvent la seule activité d'un trop ambitieux programme d'entraînement!

● Que font deux êtres qui s'aiment? Ils se marient en étant persuadés que l'amour suffit à cimenter vingt ou trente ans de vie en commun.

On pourrait remplir des pages de semblables exemples à l'intention de ceux qui espèrent des solutions rapides à tous leurs maux. Car, je le répète, il faut davantage de patience et de persévérance que de bons tuyaux pour réussir quoi que ce soit dans la vie, y compris, dans le cas présent, pour protéger sa santé. En fait, il faut être prêt à tout mettre en oeuvre pour:

● prévenir la maladie;

● recouvrer la santé par nos propres moyens si nous le pouvons;

● ne pas nous fier aveuglément au médecin si nous devons le consulter mais, au contraire, nous informer suffisamment pour nous associer à lui tout au long du processus de guérison.

Il est nécessaire pour chacun de reconnaître les forces qui sont à l'oeuvre dans sa vie; de reconnaître, par exemple, qu'une attitude mentale négative peut engendrer la maladie; mais, surtout, de reconnaître que, si l'on veut se libérer des pressions exercées par ceux qui détiennent l'autorité et réussir sa révolution personnelle, il faut être prêt à lutter avec détermination pour ce qu'on souhaite obtenir ou accomplir. Les trois points mentionnés ci-dessus devraient vous servir de repères jusqu'à la fin de vos jours; à vous de bâtir à partir de là votre propre programme de santé!

Toute une vie, c'est un peu long, me direz-vous. Mais ne souhaitez-vous pas demeurer en bonne santé toute votre vie? Ne souhaitez-vous pas être prêt à faire face à la maladie si jamais elle se présente? Il faut conclure de ce qui précède qu'il vaut mieux en effet tout mettre en oeuvre pour préserver sa santé que de compter sur des médecins incompétents. Cela implique que vous devrez dorénavant accorder un plus grand intérêt à votre organisme et aux problèmes de santé qui le menacent.

Pour ma part, mon intérêt pour cette question va sans cesse grandissant depuis une dizaine d'années, et j'ai pris conscience de phénomènes insoupçonnés, à tel point que chaque jour est pour ainsi dire une aventure pleine de découvertes! Depuis que j'ai cessé de considérer mon corps avec indifférence, je me suis mis à rassembler quantité d'informations et à discuter de la santé avec des personnes compétentes. Avant de consulter un médecin, je prends des renseignements à son sujet et, une fois dans son bureau, je lui demande de m'expliquer le pourquoi de ses décisions. J'ai même affiché trois tableaux portant sur l'acupuncture au mur de ma salle de travail parce que je suis fasciné par la relation qui existe entre certains points de la peau et les divers organes du corps humain. J'aurais aussi voulu me procurer un squelette humain pour mieux étudier les os, mais ma femme s'y est objectée!

J'avoue que c'est devenu pour moi une passion que d'étudier le corps humain et, pourtant, je n'ai jamais autant travaillé de ma vie! J'ai simplement refusé de prétexter que je manquais de temps ou que j'étais trop ignorant pour m'occuper moi-même de ma santé; je vous souhaite d'en faire autant!

Certains éprouvent en effet une telle crainte et un tel respect face à la médecine moderne qu'ils n'osent plus employer les remèdes de bonne femme qui ont pourtant fait leurs preuves et que certains médecins n'hésitent plus à recommander. À Vienne, par exemple, le conseiller au service de santé, un spécialiste en leucémie reconnu mondialement, a rédigé une brochure dans laquelle il recommande, entre autres remèdes simples et efficaces, l'emploi de compresses, et encourage le public à faire preuve

109

d'initiative au lieu de toujours compter sur le médecin. Quand certains médecins progressistes agissent de la sorte, il est temps de cesser de craindre l'autorité des médecins et de se laisser intimider par des recommandations telles que: « Suivre attentivement les conseils de votre médecin » ou « Consulter un médecin avant usage ». Pareilles recommandations ont largement contribué à priver les gens de leur initiative et à leur inculquer une foi aveugle en la médecine. Je suis personnellement convaincu que peu de gens commettraient les erreurs de traitement que certains médecins commettent régulièrement en dépit de leurs connaissances. Si plus de gens prenaient eux-mêmes leur santé en main, les résultats seraient étonnants!

Certains médecins à l'esprit étroit n'apprécieront sans doute pas vos initiatives et pourront aller jusqu'à vous menacer en disant: « Ou vous faites ce que je vous dis, ou vous allez consulter quelqu'un d'autre! » Dans ce cas, n'hésitez pas! C'est à vous-même et à votre corps que vous rendrez service en consultant un médecin à l'esprit plus ouvert.

D'aucuns demeureront sceptiques devant mes propos, d'autres me taxeront d'hérésie; je les comprends car, il y a à peine dix ans, je faisais moi-même partie de ceux qui ont une confiance aveugle en la médecine. Depuis, j'ai eu plusieurs occasions de mettre en pratique ce que je prêche ici. Ainsi, un soir que nous étions chez des amis, je mis la main sur un livre traitant d'acupressure. J'appris qu'il s'agissait d'une méthode permettant d'arrêter les hémorragies par compression des artères. Curieux, je me procurai le livre dès le lendemain. Quelques jours plus tard, alors que le plus jeune de mes fils saignait du nez, j'utilisai cette méthode avec succès. Depuis, mon fils se plaît à y recourir chaque fois que lui-même ou un de ses camarades saigne du nez.

Dans le cas présent, la chance m'avait favorisé; mais il faut dire que je suis à l'affût d'informations de ce genre, que ce soit par l'intermédiaire d'amis, de revues, de livres ou de journaux. Ma bibliothèque renferme aujourd'hui des renseignements des plus pertinents sur l'acupressure et de nombreux autres domaines de la santé, toutes informations que vous pouvez vous procurer en librairie ou dans les bibliothèques publiques. Parmi mes plus précieuses acquisitions se trouvent une encyclopédie de médecine naturelle, un ouvrage sur la guérison par le jeûne et un autre sur la neurothérapie. Cette dernière discipline m'intéresse tout particulièrement, et j'ai la chance de pouvoir en discuter de temps en temps avec quelques amis médecins. Ces derniers n'apprécient d'ailleurs pas toujours que j'empiète pour ainsi dire sur leurs plates-bandes. Je les soupçonne même d'espérer secrètement que je me tromperai un jour pour pouvoir me dire: « Cela t'apprendra à te mêler de ce qui ne te regarde pas! » Voici néanmoins quelques exemples de ce que j'ai pu accomplir grâce à la neurothérapie:

● À deux reprises j'ai injecté de la procaïne tout autour d'une cicatrice que j'avais au genou gauche. J'ai pu ainsi faire disparaître des douleurs qui, depuis trente ans, me faisaient souffrir chaque fois que je mettais mes jambes un peu trop à l'épreuve.

● Une nuit d'été, alors que nous étions à la campagne, loin de toute commodité, ma femme me réveilla soudain, couverte de sueur et se tordant de douleur. Elle était persuadée de souffrir d'une colique hépatique et je m'empressai de voir ce que je pouvais faire. Comme je l'avais lu dans mon livre de neurothérapie, je tâtai tous les points de son corps qui correspondaient au foie (soient le dessus de l'oeil droit, le dessus de la clavicule et le dos); ils étaient tous sensibles. Je fis aussitôt de minuscules injections de procaïne à tous ces endroits et les spasmes cessèrent presque instantanément. Deux jours plus tard, je renouvelais l'expérience et, depuis, ma femme n'a plus refait de crise de foie.

Quand je racontai cette histoire à mes amis médecins, ils hochèrent pensivement la tête sans dire un mot, mais je devine un peu ce que, par politesse, ils n'osaient me dire ouvertement. J'avoue d'ailleurs que le procédé utilisé peut sembler hasardeux. Toutefois, au moment où vous vous tordez de douleur ou voyez un être cher se tordre de douleur, vous êtes davantage porté à vous demander quoi faire qu'à épiloguer sur votre goût du risque. Cela vaut mieux, en tout cas, que d'être obligé de s'avouer avec dépit: « Si seulement j'avais appris quoi faire en pareil cas! »

Pour ma part, j'ai dû reconnaître mon impuissance face aux circonstances, jusqu'au jour où j'ai décidé de ne plus me laisser prendre en défaut. Depuis, je ne connais toujours qu'une infime partie de ce qu'il faut savoir pour rester en forme et recouvrer la santé; mais j'ai fait quelques découvertes intéressantes à ce chapitre et je n'ai pas manqué d'en faire l'essai à de nombreuses reprises. Tout cela confirme à mes yeux que personne n'est mieux placé que moi pour veiller adéquatement à ma santé!

Résumé

Si vous avez bien lu ce qui précède, vous savez maintenant qu'on ne peut indéfiniment maltraiter son corps sans le payer cher. De même, on ne peut demander plus à la médecine et aux médecins que ce qui est en leur pouvoir. Si les médecins gagnent bien leur vie, c'est parce qu'il y a des gens malades! En conséquence, nous devrions être les premiers à tout mettre en oeuvre pour demeurer en bonne santé.

Si vous souhaitez vous occuper activement de votre santé, il est essentiel pour vous de comprendre qu'aucun médecin ne prendra en charge votre santé à votre place! Une fois ce principe admis, il ne vous suffit pas de suivre quelques conseils superficiels. Vous devrez plutôt mettre au point un programme de santé que vous observerez *toute votre vie* et qui peut se résumer comme suit:

> 1. Tout mettre en oeuvre pour rester en bonne santé le plus longtemps possible.
> 2. Tout mettre en oeuvre pour recouvrer la santé par vos propres moyens.
> 3. Réunir suffisamment d'informations pour lutter en collaboration avec votre médecin contre la maladie.

Comme pour tout processus de prise en charge de soi-même qui ne dépend d'aucune pression extérieure, vous devrez faire preuve de persévérance et de détermination dans vos efforts. Mais au fur et à mesure que vous remporterez des victoires sur les difficultés passagères, vous serez encouragé à poursuivre vos propres expériences.

Sixième leçon

Comme il n'y a pas deux personnes identiques, il appartient à chacun de trouver le meilleur moyen de rester en bonne santé et d'être physiquement bien dans sa peau. Certains y parviennent si bien qu'ils semblent accomplir des miracles. Cette leçon a pour but de vous faire découvrir *votre* recette de santé en vous incitant à réfléchir à certaines questions que nous avons tous un peu tendance à négliger. Ne manquez pas de faire particulièrement attention aux points suivants:

1. Les bases d'une saine alimentation
2. Ce qu'il faut savoir sur la digestion
3. Les conséquences de l'usage inconsidéré des médicaments, de l'alcool et du tabac
4. La désintoxication par le jeûne.
5. Cinq règles à suivre pour pratiquer efficacement la médecine préventive

Bien connaître son corps pour le traiter adéquatement

Depuis de nombreuses années, en plus de pratiquer tous les matins le training autogène, je fais de la gymnastique, des exercices de respiration, je m'entraîne d'après une technique japonaise d'auto-défense et je tire au pistolet. Tout ceci me permet de prendre de plus en plus conscience des étonnantes interactions qui se produisent entre le corps et l'esprit. Ce matin, par exemple, il a suffi que je garde mon attention concentrée sur la décontraction du visage pour qu'aussitôt j'en sente les muscles se détendre. C'est alors que j'ai compris à quel point mon visage était tendu auparavant et que j'ai saisi l'importance de pouvoir en contrôler les muscles à volonté.

Cela signifie en effet qu'à force de pratique, l'esprit peut influencer le corps! Mais pour y arriver, il faut d'abord mieux connaître votre corps, de la même manière que vous avez pris davantage conscience de votre respiration au début de ce livre. Malheureusement, trop de gens ne se rendent compte de l'existence de leur corps que le jour où il les fait souffrir. La douleur les prend toujours par surprise et leur fait craindre le pire; mais, au lieu de l'affronter par des mesures appropriées, ils cherchent à nier l'existence des premiers symptômes de la maladie.

Qui n'a pas souffert d'un mal de dents, par exemple? Or, quelle est la réaction typique de celui qui a mal aux dents? Il espère généralement que les premières douleurs s'envoleront d'elles-mêmes. Au lieu de les reconnaître comme un signal d'alarme, il les considère comme une gêne qu'il cherche à éviter le plus longtemps possible. Pourtant, la seule issue est d'affronter le mal au plus tôt. La nature nous a dotés d'un magnifique système d'alarme: la douleur. Au lieu de céder à la panique, il est préférable d'agir intelligemment, c'est-à-dire:

> 1. Réagir sans attendre aux premiers signes de douleur, car il est probable qu'à ce stade on pourra enrayer le mal sans difficulté.
> 2. Chercher à connaître l'origine du mal et à s'informer sur sa nature *avant* de consulter le médecin, afin de pouvoir discuter avec lui en connaissance de cause des mesures à prendre.
> 3. Chercher à enrayer complètement le mal plutôt que d'essayer de calmer temporairement la douleur en espérant qu'elle ne reviendra plus.

Rappelez-vous le pianiste Ernst Sikor: même s'il ne commença à s'intéresser à sa maladie qu'au moment où il se mit à craindre pour sa vie, cet homme a pris tous les moyens à sa disposition, d'abord pour connaître la cause de son mal, et voir en dernier lieu à se guérir lui-même. Vivre pleinement implique toutefois de s'occuper chaque jour activement de son corps et non pas seulement en cas de nécessité. Cela implique également de garder constamment l'esprit ouvert face aux processus physiologiques qui se déroulent en nous, y compris quand un signal d'alarme se déclenche. Il ne faudrait cependant pas oublier que le corps fait partie intégrante de la personnalité et qu'il est absurde de compartimenter la vie au point de ne s'occuper que d'une partie déficiente à la fois. La vie forme un tout harmonieux dont aucun aspect n'est totalement indépendant des autres.

Pas besoin d'être médecin pour se rendre compte, par exemple, qu'une vingtaine de bonnes respirations au grand air tous les matins stimule favorablement tous les organes du thorax, à commencer par les poumons. De plus, l'apport supplémentaire d'oxygène au cerveau active la pensée (phénomène qui n'est plus d'ordre strictement biologique) et des idées peuvent naître qui mènent à l'action créatrice. Le résultat de cette action peut à son tour créer la confiance en soi et favoriser l'éclosion de nouvelles idées et de nouvelles actions. À la source de ce phénomène, quelques exercices de respiration! Voyez-vous comme il est important de prendre conscience des processus qui se déroulent en vous? Pour en rester à notre exemple, ces exercices quotidiens peuvent aussi aider à combattre la paresse. Il suffit donc de les faire pour en reconnaître la portée et l'utilité. Cette connaissance acquise par l'expérience sert alors d'argument supplémentaire en faveur de la résistance à l'oisiveté.

Cette prise de conscience des phénomènes physiologiques qui se déroulent en nous permet donc d'étonnantes observations et rend évident ce qui passait jusque-là inaperçu. Faites-en l'expérience! Avec un peu de patience, vous serez le premier surpris des merveilles que vous accomplirez bientôt.

Qu'attendez-vous de votre corps?

Cette question peut sembler étonnante et pourtant, comment peut-on préparer adéquatement son corps à nous rendre service quand on ignore ce qu'on exigera de lui? C'est l'évidence même, me direz-vous, mais il est rare que les gens agissent dans le sens de l'évidence. Comme ils n'ont habituellement d'objectifs qu'à court terme, ils n'agissent pas différemment avec leur corps. C'est-à-dire qu'ils lui font parfois faire des efforts auxquels il n'est pas préparé pour s'étonner par la suite de voir leurs forces les abandonner! Ou ils négligent simplement de se tenir en forme et, dans ce cas, ils sont doublement handicapés lorsque vient le temps de mettre leur corps à l'épreuve; d'une part parce que leurs muscles sont trop relâchés, d'autre part parce que l'effort est inhabituel.

Personne n'ignore ces faits, bien sûr, mais qui agit en conséquence? Faut-il alors se surprendre, après avoir longtemps malmené son corps, de voir surgir certaines douleurs on ne sait trop d'où? Quand la maladie frappe, les causes remontent souvent aux années antérieures et ne sont plus toujours évidentes. Un exemple nous vient d'un ex-joueur et entraîneur de football que je connais. Il y a quatorze mois, ce dernier a commencé à sentir ses jambes se paralyser. Il s'est empressé de consulter divers spécialistes qui lui ont examiné les jambes en long et en large, mais sans pouvoir émettre de diagnostic précis. La semaine dernière, il se faisait arracher six dents à cause d'une inflammation à la mâchoire; c'est alors que le chat est sorti du sac.

Du pus s'était accumulé sous les dents au point qu'une odeur insupportable s'était dégagée tout au long de la séance chez le dentiste: la mâchoire se trouvait en état de décomposition avancée! Pendant des années, le sang avait charrié du poison dans le corps, lequel poison s'était tout naturellement attaqué aux jambes, la partie la plus mal-traitée du corps d'un footballeur. En l'espace de quarante ans, les négligences et les erreurs accumulées des dentistes avaient littéralement donné naissance à une bombe à retardement.

J'ignore si les spécialistes pourront encore guérir cet homme, mais celui-ci était enfin en mesure, une semaine après l'intervention du dentiste, de bouger à nouveau le pied droit. J'espère que cet exemple peu banal de négligence corporelle réveillera ceux qui croient naïvement que le corps n'a besoin d'aucune attention ni prévention particulière. Aussi, je le répète, qu'attendez-vous de lui? Pour ma part, voici ce que j'en attends et que j'ai pris la peine de noter soigneusement:

1. La santé

Je veux tout mettre en oeuvre pour rester le plus longtemps possible en bonne santé et soigner rapidement et complètement toute maladie.

2. La mobilité

Je veux jouir de la mobilité de mon corps en tout temps.

3. L'endurance

Je veux m'entraîner à faire les efforts supplé-mentaires qui me permettent d'atteindre mes objectifs.

4. La vigueur

Comme certaines activités astreignantes me procurent parfois beaucoup de plaisir, je veux développer la force de les mener à bien.

Vos attentes sont probablement différentes des miennes mais, personnellement, j'aime faire de longues randonnées en pleine nature et dormir à la belle étoile; j'aime couper l'herbe à la faux autour de notre ferme; j'aime aussi courir régulièrement en pleine forêt. C'est ma façon à moi de me sentir libre, et c'est pourquoi je fais en sorte que mon corps me supporte dans ces activités et dans beaucoup d'autres. Cela contribue d'ailleurs à le maintenir sain et harmonieux, ce qui ne peut que me réjouir.

Nous reviendrons sur cette question lorsque nous examinerons les moyens à prendre pour bien commencer la journée. En attendant, je vous suggère de répondre tout de suite par écrit à la question suivante: « Quelles qualités mon corps devra-t-il acquérir pour satisfaire à toutes mes exigences? » Écrivez tout ce qui vous vient à l'esprit à ce sujet au cours des prochaines minutes, des prochaines heures et même des prochains jours. Toutefois, l'essentiel n'est pas d'élaborer d'ambitieux projets pour les années à venir, mais de faire un premier pas vers une meilleure compréhension de votre corps et de ses besoins vitaux.

Comment Bismarck a pu vivre 18 ans de plus que prévu

Les conseils contenus dans ce livre n'ont pas valeur de vérité absolue, loin de là, mais s'ils peuvent vous être utiles, n'hésitez pas à en faire usage. Les cinq points traités dans les pages suivantes s'inscrivent également dans cette ligne de pensée; ils vous incitent à vous prendre en main, à réfléchir sur vous-même et, en particulier, à vous garder en forme et bien portant sans que cela exige de vous trop de temps et de connaissances.

Certaines de ces suggestions sont étonnamment simples, voire terre à terre, ce qui est assez inhabituel à une époque où tout doit être moderne, compliqué ou scientifiquement éprouvé pour être pris au sérieux. Même si aucun médecin célèbre ne leur a accolé son nom, elles ont néanmoins prouvé leur efficacité à travers les âges, comme l'illustre bien le cas du légendaire chancelier allemand Bismarck. Si ce dernier n'avait mis ces suggestions en pratique, il serait mort dix-huit ans plus tôt.

Vers 1880, en effet, les médecins réputés qui examinèrent le chancelier ne lui donnaient que quelques mois à vivre. Celui-ci souffrait d'un cancer incurable. Toutefois, les prévisions de ces doctes personnes ne se réalisèrent pas; cet exemple, loin de mettre en cause la qualité du corps médical, illustre simplement le fait que la vie a parfois plus de tours dans son sac que ceux qui prétendent en connaître le fonctionnement. Qui sait, peut-être ajouterez-vous également quelques années à votre vie en observant les points suivants?

Premier point: une saine alimentation aide à rester en bonne santé.

Qu'est-ce qu'une saine alimentation? Les opinions à ce sujet divergent au point de se contredire souvent l'une l'autre sans pour autant apporter de réponse véritable à la question. Il ne faudrait cependant pas s'en surprendre. Lorsque, par exemple, les partisans de la culture macrobiotique condamnent l'emploi d'engrais artificiels, ils s'attaquent du même coup aux puissantes industries qui fabriquent ces produits chimiques. Ces dernières réagissent en chargeant les meilleurs hommes de science de démontrer que l'emploi d'engrais chimiques ne présente aucun danger. Est-il besoin de préciser que pareilles expertises scientifiques ne sont pas gratuites?

Toujours est-il qu'il nous faut faire un choix entre des intérêts et des conceptions économiques et scientifiques souvent inconciliables. Qui croire alors? Tout bien réfléchi, il n'y a qu'une réponse possible: soi-même! En d'autres termes, il importe de s'informer le mieux possible et de faire ses propres expériences pour se forger une opinion convenable sur la question. À chacun donc de prendre sa santé en main et de tirer parti de l'expérience.

La plupart des gens ignorent ce dont leur corps a véritablement besoin pour se nourrir parce que leurs instincts naturels ont été trop longtemps brimés ou dénaturés. Ils se contentent de mets préparés chimiquement dont même les vers ne veulent pas! Pourtant, il serait si simple de pouvoir se rassasier au besoin et sans excès de mets appétissants. Malheureusement, les us et coutumes ont complètement bouleversé nos habitudes naturelles. Prenons le cas du sucre. Il y a quelques années, une commission sénatoriale américaine fut chargée d'étudier les effets du sucre sur l'organisme. Des experts venus du monde entier ne manquèrent pas de publier les résultats de leurs nombreuses recherches. Le rapport de cette commission m'a tellement impressionné que je ne mets désormais plus que du miel dans mon thé.

Ce choix est évidemment très arbitraire; j'ai lu depuis certains articles dans lesquels d'autres scientifiques prétendent que le sucre (dont la couleur blanche est obtenue artificiellement) n'est pas dommageable à la santé. Je continue néanmoins à m'en tenir aux conclusions dégagées au cours des audiences de la commission sénatoriale de Washington; il y fut entre autres affirmé, grâce à des recherches portant sur quelques dizaines d'années, que dans certaines parties du globe, le sucre est un produit de luxe réservé aux classes sociales privilégiées. Les simples travailleurs doivent se contenter de canne à sucre brute jusqu'au jour où leurs conditions s'améliorent. On a pu ainsi observer que cette catégorie de gens nouvellement convertis au sucre présentent bientôt divers symptômes qui vont de l'affaiblissement de la vue aux lésions cardiaques.

Cet exemple a suffi à me convaincre. Un journaliste familier de la question a récemment écrit: « Il ne viendrait pas à l'idée à un fermier de mal nourrir ses animaux, et un animal ne mangera pas de lui-même de la nourriture de mauvaise qualité. Mais nous, humains, avalons pour ainsi dire n'importe quoi sans même nous soucier de la valeur nutritive de nos aliments ou du degré d'intoxication qu'ils peuvent parfois représenter pour l'organisme. De plus, il est rare que notre alimentation compense l'usure normale des ans. » Selon ce journaliste, il faudrait:

1. manger des crudités tous les jours;
2. consommer le moins possible de produits raffinés tels que le sucre, la farine moulue et les conserves.

Ce n'est, bien sûr, qu'une conception parmi d'autres de ce que doit être l'art de se bien nourrir. Si vous trouvez mieux, faites-en l'essai et tenez-vous-en à ce qui vous semble souhaitable. Ne craignez pas de vous tromper et de recommencer. Si vous êtes sérieux dans vos démarches, vous ne commettrez jamais autant d'erreurs que toute l'industrie moderne de l'alimentation!

Deuxième point: une bonne digestion importe autant qu'une saine alimentation.

La digestion des aliments commence dans la bouche. On a si souvent tendance à oublier cette vérité qu'il vaut la peine de s'y attarder un peu. Il se dépense chaque année des fortunes chez le dentiste ou en rince-bouche, brosses à dents électriques, dentifrices, etc., sans compter les frais publicitaires de ceux qui annoncent ces produits ou services. Toutefois, lorsque vient le temps de dire aux gens de bien saliver et de mastiquer avant d'avaler leurs aliments ou de prendre leur temps en mangeant, personne n'élève la voix. La raison en est qu'il n'y aurait aucun profit à tirer pour personne! Par conséquent, aussi bien y voir soi-même.

Chaque fois que nous salivons et mastiquons bien, non seulement le travail de l'estomac est-il facilité, mais nous sommes plus rapidement rassasiés, ce qui permet un meilleur contrôle du poids. De plus, cela augmente le plaisir de manger et exige un meilleur choix d'aliments. Si vous sautez régulièrement cette phase importante de la digestion, vous risquez d'avoir à le payer cher un jour. Une brève cure d'amaigrissement n'effacera pas les traces de nombreuses années d'excès.

« Tout cela est bien beau, me direz-vous, mais je n'ai malheureusement pas le temps de faire attention à ces détails. » Consolez-vous: j'ai longtemps recouru moi-même à ce genre d'excuse; j'étais même fier de pouvoir dire: « J'ai tellement de travail que parfois je n'ai pas le temps de manger! » ou « C'est à peine si j'ai quinze minutes pour avaler une bouchée! » Je me demande encore aujour-d'hui comment j'ai pu me mentir à ce point!

Les gens mangent trop et mal et ne mastiquent pas assez leurs aliments. Quand leur estomac donne des signes de faiblesse, ils avalent simplement quelques comprimés qui soulagent temporairement leurs brûlements d'estomac ou leur constipation et ils recommencent de plus belle le lendemain! Mais cinq, dix ou quinze ans plus tard, il sera trop tard pour déplorer que les intestins ne fonctionnent plus. Ne l'oubliez pas en faisant le point sur vos habitudes alimentaires.

Car le point de départ, c'est d'oser prendre conscience de ses mauvaises habitudes, puis de constater qu'on a tout à gagner à en acquérir de nouvelles et à les conserver. Cela ne suffira peut-être pas à réparer l'outrage des ans, mais c'est sans doute mieux que de ne rien changer du tout. Si vous pensez par conséquent qu'il est temps pour vous de modifier vos habitudes alimentaires, ne manquez pas de mettre par écrit et d'inclure ce point parmi vos autres projets plus généraux.

Si vous écrivez que vous souhaitez vous nourrir sainement et mastiquer convenablement vos aliments, vos intentions s'en trouveront renforcées. Et si vous incluez une formule à cet effet dans votre programme quotidien de training autogène, vous devriez bientôt venir à bout des difficultés initiales.

Troisième point: « Si vous pouvez éviter médicaments, alcool et tabac, vous rendrez davantage service à votre organisme que n'importe quel médecin ne saurait le faire. »

Peter Schmidsberger, le journaliste auquel je faisais allusion tout à l'heure, a largement contribué à mettre sur pied une encyclopédie de médecine naturelle, en plus d'écrire deux livres qui ont attiré passablement l'attention ces dernières années, *Skandal Herzinfarkt (Le Scandale des crises cardiaques)* et *Der kritische Patient (Malades avertis)*. Une fois ou deux par année, il vient nous rendre visite à la maison et je me souviens très bien que je me moquais de lui il y a quelques années encore, chaque fois qu'il nous répétait son credo: « Si vous pouvez éviter médicaments, alcool et tabac, vous rendrez davantage service à votre organisme que n'importe quel médecin ne saurait le faire. »

Depuis, j'ai cessé d'en rire, de même que j'ai cessé de fumer et de prendre des comprimés à propos de tout et de rien. Mon coeur fonctionne à nouveau normalement (après être passé à deux pas d'un infarctus du myocarde!) et j'ai pu remettre de l'ordre dans mes intestins grâce à des exercices et à mon training autogène quotidiens, ainsi qu'en adoptant un régime alimentaire approprié et en jeûnant à des périodes régulières. Les patients efforts de Peter Schmidsberger ont donc porté fruit, ce qui ne nous empêche pas tous deux de nous payer une bonne traite à l'occasion!

Mais nous y allons intelligemment. Je connais entre autres personnellement le vigneron qui m'approvisionne en vin et je sais que son produit est de qualité. De même, grâce au training autogène, j'ai appris à boire modérément et à apprécier pour ainsi dire chaque gorgée de vin que j'ingurgite. Vous n'ignorez pas non plus comment j'ai cessé de fumer. Pour ce qui est des médicaments, un article percutant à ce sujet m'a incité à modifier mes habitudes de façon radicale. Auparavant, je fouillais à tout propos dans la pharmacie familiale: pour un mal de tête, pour dormir, etc. J'abusais des médicaments en général, en particulier des laxatifs, sans même penser aux conséquences de mes gestes. Je voulais obtenir un soulagement rapide sans avoir à réfléchir plus loin.

À cette époque, plus attentif à mon auto qu'à mon propre corps, je ne me rendais même pas compte de l'inefficacité de tous ces médicaments, jusqu'à ce que je lise ceci: « Plus de quatre-vingt-dix pour cent de tous les laxatifs sont dommageables à la santé. Au lieu de régler les problèmes intestinaux, ils ne font bien souvent que les aggraver. » L'article médical en question poursuivait en accusant ces mêmes laxatifs de provoquer, employés régulièrement, de graves lésions au foie et aux reins, ainsi que des accouchements prématurés et des diarrhées chez les nourrissons. J'avais déjà lu des informations semblables, mais sans y prêter attention. Cette fois cependant, c'est comme si tout mon corps avait soudain pris conscience du message qui lui était adressé. Il n'en fallait pas plus pour que, la curiosité aidant, je me décide enfin à faire quelque chose pour lui avant qu'on doive le ramasser comme une vieille carcasse d'automobile abandonnée. J'ai lu depuis tout ce que j'ai pu trouver sur la santé et je me suis fixé quelques règles à suivre. Je n'ai toujours pas cessé de faire des recherches et de tirer des leçons de mes expériences en ce domaine.

Quatrième point: il est bon de jeûner périodiquement.

Pour bien des gens, jeûner équivaut à tenter de perdre quelques kilos pour retrouver leur taille de jeunesse. Maigrir est devenu en quelque sorte un jeu de société à la mode. « J'ai perdu cinq kilos en dix jours! », se vante-t-on fièrement. Et puis après? Faut-il à tout prix ressembler aux stars des magazines? C'est un peu comme pour la lessive: on nous inculque qu'elle doit être d'une blancheur immaculée pour être propre et nous y croyons sans broncher.

Il existe donc une énorme différence entre se priver dans l'espoir de maigrir et jeûner pour se nettoyer l'estomac. Dans le premier cas, rien ne dit que vous rendez service à votre organisme. Une sérieuse étude d'un certain docteur Mayr affirme qu'il faut situer au niveau de l'appareil digestif l'origine de nombreuses maladies. Cet homme a consacré sa vie à étudier cette question et il a mis au point une cure destinée à nettoyer les intestins. Ses disciples ont perfectionné et fait connaître sa méthode et l'un d'eux a écrit: « De même que le beurre tend à rancir et la viande à se décomposer dans un endroit clos et chaud, de même dans un estomac paresseux la nourriture a-t-elle le temps de se transformer en produits toxiques. Un mélange de sucre, de pain, de fruits, de légumes et d'aliments farineux engendre du mauvais alcool et autres dangereux produits de fermentation. Les aliments riches en protéines tels que poisson, viande et oeufs se putréfient et se transforment en poisons capables de tuer, lorsqu'administrés en infimes quantités à des animaux de laboratoire. »

Si ces poisons ne sont pas aussitôt évacués par l'intestin, ils sont partiellement déversés dans le sang. Si le foie est à son tour incapable de les filtrer, ils envahissent l'organisme tout entier. C'est alors que toute une série de symptômes et malaises peuvent se manifester, tels que: manque d'ardeur au travail, mauvaise humeur, irritabilité, nervosité, odeurs corporelles inhabituelles, mauvaise haleine, dépôts sur la langue, maux de dos, maux de reins, insomnies, maux de tête, troubles cardiaques, essoufflements, mauvaise circulation sanguine, étourdissements, épuisement, sueurs, etc.

Tous ces troubles trouvent leur origine dans l'estomac et dans la manière insouciante dont nous l'alimentons continuellement. Je ne suis pas médecin et je n'ai pas l'intention de vous expliquer en détail en quoi consiste la cure de désintoxication du docteur Mayr. J'espère cependant que vous ferez vos propres démarches pour mieux connaître le fonctionnement et le rôle de l'intestin et que vous comprendrez la nécessité de lui accorder à l'occasion un repos bien mérité. Car, comme le dit le docteur Mayr, un estomac sain peut vous apporter beaucoup: « Il suffit de regarder le teint d'une personne, l'éclat de ses yeux et sa silhouette pour savoir si son estomac est en bonne santé ou si son organisme est intoxiqué. »

Cinquième point: si vous suivez ces recommandations simples, vous augmenterez vos chances de rester en bonne santé.

Ce qui est trop simple nous paraît souvent ridicule; les gens n'ont plus de respect que pour ce qui défie leur imagination. Par exemple, je suis toujours étonné lorsqu'une personne me décrit, avec un plaisir presque malsain, les traitements compliqués qu'elle a dû subir et mentionne les sommes énormes que cela lui a coûté. Faut-il juger de la qualité d'un traitement à son prix?

Au moment où j'écris ces lignes, une énorme campagne a cours en vue de ramasser des fonds pour combattre le cancer. Mais en réalité, ces fonds serviront simplement à l'achat d'appareils sophistiqués destinés à dépister le cancer et qui seront installés dans quelques institutions spécialisées. Quand on pense que ces appareils ne seront utiles qu'à une infime partie de la population et que leur coût d'entretien est aussi élevé que leur coût d'achat, on peut se demander: Pourquoi ne pas affecter ces sommes à la prévention du cancer plutôt qu'à sa guérison? Pourquoi ne pas inciter les populations à adopter un régime de vie qui supprimerait les causes du cancer?

Bien sûr, un tel régime de vie appauvrirait les médecins! Cela explique que personne ne soit intéressé à faire campagne en ce sens et que les populations s'orientent vers des solutions aberrantes. Je ne veux surtout pas parler du cancer avec légèreté, ni des médecins avec mépris, car je sais d'expérience ce que signifie être atteint d'un cancer. En effet, ma femme ne serait sans doute plus de ce monde si son gynécologue n'avait dépisté et enlevé à temps une tumeur qu'elle avait. Je suis d'avis que tous doivent combattre le cancer, tant les médecins que les autres.

Mais je suis également d'avis qu'il vaut mieux prévenir que guérir, qu'il s'agisse du cancer ou de toute autre maladie. Mieux vaut donc adopter des habitudes qui protègent la santé, telles que:

1. Marcher régulièrement.

Récemment, on demanda à un groupe d'employés d'une importante firme allemande de se rendre à leur bureau à pied au lieu d'utiliser l'ascenseur. On nota aussitôt chez ces gens une accélération du pouls de trente à quarante pour cent. J'ignore ce que les chercheurs en ont conclu, mais c'est pour moi un indice de l'importance de la marche en tant qu'exercice.

2. Marcher au grand air.

Ne manquez jamais une occasion de prendre l'air. Pas tellement à cause de l'oxygène frais que parce que votre organisme a besoin de l'énergie « électrique » présente dans l'air à l'état naturel.

3. Faire des exercices.

Un corps endurci résiste mieux à la maladie. Il peut paraître vieux jeu et ridicule de parler d'esprit sain dans un corps sain ou de préconiser des exercices matinaux suivis d'une douche froide, mais il suffit de s'y mettre pour constater l'utilité d'une telle pratique.

Ainsi, depuis que je prends une douche froide tous les matins après un bon bain chaud, j'ai dit adieu aux rhumes et aux maux de gorge qui m'incommodaient régulièrement au printemps et en automne. Cette habitude m'oblige de plus à me dominer moi-même, ce qui m'aide grandement lorsque la situation l'exige. Je m'endurcis et je triomphe de ma paresse. Or, combien de gens négligent de faire des choses utiles uniquement par paresse? Ils s'imaginent que la maîtrise de soi demeure réservée aux moments importants. Soit, c'est à ces occasions qu'elle est surtout indispensable, mais c'est tous les jours et dans des occasions apparemment insignifiantes qu'il est nécessaire de la mettre en pratique. Être maître de soi, c'est par exemple se lever à l'heure dite, faire de la gymnastique, pratiquer le training autogène, etc.

Voilà qui contribue à l'équilibre physique et mental de l'être tout entier! Car qui peut se sentir bien dans sa peau lorsque, par simple paresse, il n'agit pas dans le sens de ses désirs? Par contre, quel plaisir que d'atteindre un objectif qu'on s'est fixé! Si la marche active la circulation sanguine, si de bonnes habitudes alimentaires facilitent la digestion et si une bonne douche froide tonifie l'organisme et l'endurcit, ne pensez-vous pas que ce sont là de bons moyens de prévenir également les maladies?

4. Dormir suffisamment.

Le corps a naturellement besoin de se reposer des fatigues et tensions de la journée. Les experts sont d'avis qu'un manque de sommeil prolongé provoque des troubles d'ordre non seulement physiologique mais aussi psychique. Les insomnies et le manque de sommeil peuvent avoir de nombreuses causes. On a déjà parlé d'intoxication de l'organisme comme cause possible, mais il arrive aussi que l'origine de l'insomnie soit d'ordre psychologique.

Les gens oublient malheureusement d'écouter leur corps lorsque celui-ci leur signale qu'il a besoin de se détendre. Au cours d'un long trajet en automobile, par exemple, ils s'arrêtent pour prendre un café au lieu de faire un petit somme sur le côté de la route. Il est absurde de tromper son corps pour se vanter par la suite d'avoir encore une fois tenu le coup et d'être increvable. Il est certain que nous allons tous mourir un jour, mais ce n'est pas une raison pour précipiter délibérément les choses!

Un organisme affaibli par la fatigue est impuissant à accomplir convenablement les tâches habituelles. On a de la difficulté à se concentrer, on manque d'appétit, on doit se forcer au travail, on est irrité et nerveux et on est porté à poser certains gestes qu'on regrette par la suite. On est aussi de santé plus délicate, de la même manière qu'un sportif est plus vulnérable s'il est en mauvaise condition, s'il a mal dormi ou s'il ne s'est pas suffisamment réchauffé avant une compétition. La maladie frappe un peu comme à la boxe; si on n'est pas assez entraîné pour parer les coups, gare aux conséquences! Un bon moyen de parer les coups qui nous tombent dessus toute la journée, c'est encore de s'y préparer par une bonne nuit de sommeil et de pratiquer régulièrement le training autogène.

Certains diront avec raison que les points soulevés ici ne sont pas nouveaux. La question n'est cependant pas là. Il s'agit plutôt de reconnaître que très peu de gens mettent en pratique ce qu'ils savent. Quant à moi, j'ai pour ainsi dire fait l'expérience de tout ce dont je parle ici. Mon but est donc de vous encourager à en faire autant et non pas d'enrichir votre bagage de connaissances. Et si cela ne vous suffit pas, peut-être le cas du chancelier Bismarck vous fera-t-il sérieusement réfléchir. Rappelons que ce dernier apprenait, en 1880, à l'âge de soixante-cinq ans qu'il était atteint d'un cancer du foie incurable. Il consulta donc un médecin naturiste qui lui recommanda aussitôt:

- d'adopter les habitudes alimentaires dont nous venons de traiter;
- de modérer sa consommation d'alcool;
- de faire de longues promenades quotidiennes en pleine nature;
- de s'accorder, contrairement à ses habitudes, de longues et reposantes nuits de sommeil;
- de se soumettre enfin à certaines thérapies qui faisaient appel aux compresses, aux douches froides et aux bains de vapeur.

Bismarck s'éteignit à l'âge de quatre-vingt-trois ans. Il ne fait aucun doute que c'est grâce à ces recommandations toutes simples, aussi dépassées et aussi peu orthodoxes, qu'il put survivre encore dix-huit années.

Résumé

Rappelons brièvement les différentes étapes que vous avez franchies jusqu'ici au cours de votre lecture:

- Vous avez d'abord fait connaissance avec un exercice qui vous permet de faire une pause salutaire au milieu de vos soucis quotidiens. Ce premier pas est indispensable si vous souhaitez mieux vous connaître pour mieux vous prendre en main et cesser de dépendre des circonstances extérieures.
- Vous avez ensuite été invité à dresser une liste par écrit de vos désirs et de vos objectifs personnels.
- Puis vous avez appris à vous servir du training autogène comme d'une méthode vous permettant d'atteindre ces objectifs.
- À ce stade-ci, vous devriez pouvoir vous défaire de certaines habitudes qui nuisent à votre santé et commencer à prendre conscience de l'importance de votre corps.

Avant de poursuivre, revoyez ces différents points et n'hésitez plus à mettre en pratique ce qui peut vous assurer une meilleure maîtrise de vous-même. N'hésitez surtout plus à tenter vos propres expériences!

Septième leçon

Les gens traitent leurs émotions de la même manière qu'ils traitent leur corps: avec indifférence et mépris, comme si elles leur étaient étrangères. Ils accordent en revanche une importance exagérée à tout ce qui relève de la raison.

Cette leçon vous montre comment rétablir un équilibre harmonieux entre la raison et les émotions, comment surmonter une déception et comment vous défaire d'un sentiment de culpabilité. Cette leçon vous invite également à réfléchir sur une conception erronée de l'amour et à mettre fin à l'hypocrisie inutile qui règne souvent entre conjoints. Enfin, vous partirez à la découverte de vos émotions grâce à une méthode en quatre points qui vous permettra de les intégrer harmonieusement à votre vie:

1. Débarrassez-vous des préjugés rattachés à vos émotions.

2. Ne craignez plus d'exprimer vos émotions, mais reconnaissez ouvertement leur existence.

3. Ne laissez pas votre raison l'emporter sur vos émotions; laissez-les plutôt faire bon ménage ensemble.

4. Débarrassez-vous de ces absurdes sentiments de culpabilité!

Domptez votre raison et laissez s'exprimer vos émotions.

Même si la perspective change un peu, il est tout aussi important de bien connaître ses émotions que de bien connaître son corps. De par leur éducation, les gens ont appris à se méfier de leurs émotions. Par exemple, ils ont appris que:

- un homme digne de ce nom doit cacher ses émotions;
- la raison doit l'emporter sur les émotions;
- si tout un chacun donnait libre cours à ses émotions, notre monde serait vite ingouvernable;
- l'homme est par nature raisonnable, la femme sentimentale;
- un homme n'a pas le droit de pleurer mais une femme si;
- les gens intelligents obéissent à leur raison, les simples d'esprit à leurs émotions.

Si l'on en croit ces préjugés, les émotions et la raison seraient non seulement des attributs foncièrement distincts, mais qu'on ne retrouve pour ainsi dire jamais réunis chez une même personne. Il faudrait toujours avoir ses émotions à l'oeil et n'admirer que ceux qui guident leur vie d'après leur raison. C'est du moins ce qu'on nous a appris depuis l'enfance. Qu'en est-il en réalité? Regardez autour de vous et vous constaterez quelles sont les conséquences de ces belles règles de conduite:

- Les gens craignent d'exprimer leurs émotions. D'ailleurs la plupart d'entre eux ignorent la différence entre une émotion véritable et une émotion feinte.
- Certains regrettent parfois d'avoir exprimé leurs émotions trop ouvertement et en viennent à entretenir des sentiments de culpabilité à ce sujet.
- Certains encore ont tellement l'habitude de feindre ce qu'ils n'éprouvent pas qu'ils sont incapables de reconnaître les moments où ils s'expriment sincèrement; d'autres par contre feignent l'indifférence de peur de s'exprimer ouvertement.
- Enfin, la majorité des gens souhaiteraient être plus raisonnables qu'ils ne pensent l'être; nombreux sont ceux qui vont jusqu'à développer un complexe d'infériorité.

Ceci explique sans doute que tant de gens souffrent de ne pouvoir agir plus raisonnablement et se méfient sans cesse de leurs émotions. Ils en viennent à manquer d'assurance et, inévitablement, à se raccrocher à des conceptions qui ne sont pas les leurs. Ils se conforment aux voeux de la majorité, ce qui, vous vous en doutez bien, correspond rarement aux voeux de chacun. La norme, en matière de raison et d'émotions, est en effet très peu flexible comme on vient de le voir. Or, pour leur plus grand malheur, la plupart des gens continuent de croire que c'est en raisonnant qu'ils résoudront leurs problèmes quotidiens, alors qu'ils prennent leurs décisions intuitivement dans plus de soixante-dix pour cent des cas! Imaginez ce que cela donne quand on demeure inconscient de toutes les influences extérieures qui s'exercent par le jeu des émotions.

D'autres personnes croient en revanche dur comme fer au pouvoir des sentiments. C'est le cas de presque tous les amoureux qui refusent d'écouter la voie de la raison (aussi bien de la leur que de celle des autres). Subjugués par l'amour, ils ne demandent qu'à préserver leur bonheur le plus longtemps possible. Dès lors, ils décident de se marier bien que le mariage ne soit pas nécessairement le meilleur rempart de l'amour. Au contraire, les liens du mariage et la routine quotidienne ne font bien souvent qu'étouffer l'amour, à moins que les amoureux aient assez de jugement pour prévoir à temps les éventuels coups durs. Si vous êtes heureux en mariage depuis longtemps, vous n'ignorez sans doute pas que l'amour n'est pas l'unique garant de votre bonheur. Au contraire, vous savez probablement qu'il n'y a pas d'amour sans haine, de joie sans peine, ni de victoire sans humiliation.

Instinctivement, les gens craignent le revers de la médaille; certains ont constamment peur d'être déçus en amour alors que d'autres portent déjà sur leurs épaules le poids de la défaite au moment même où ils semblent triompher. Il existe cependant des gens qui expriment leurs joies dans l'exubérance la plus folle, comme s'ils cherchaient à oublier qu'elles ne peuvent durer indéfiniment. Faut-il par conséquent se surprendre de voir des gens refouler leurs sentiments et refuser l'amour de peur d'éprouver d'amères déceptions? Faut-il se surprendre de voir ces gens imputer leurs déceptions à leurs sentiments? Ou faut-il se surprendre de l'échec de trop nombreux mariages conclus sur la seule foi en l'amour, rempart inébranlable contre les difficultés?

Quoi qu'il en soit, il est certain que l'amour ne peut résister à l'épreuve du temps que si les conjoints se servent de leur intelligence pour aplanir les difficultés. Croire le contraire équivaut à croire que la médecine peut opérer des miracles quand on n'a soi-même fait aucun effort en faveur de sa santé, comme cela a été dit à la leçon précédente. De même, celui qui ne tente aucun effort pour préserver la santé de son mariage sera inévitablement déçu.

Laissez raison et émotions faire bon ménage ensemble et vous n'éprouverez plus de sentiments de culpabilité.

Éprouver des sentiments de culpabilité, c'est s'empoisonner la vie à regretter d'avoir accompli une action qui nous était défendue, d'avoir manqué aux règles établies, d'avoir posé un geste jugé mauvais, anti-social ou égoïste, ou tout simplement de ne pas avoir agi comme tout le monde. Les gens ont si longtemps été élevés au milieu des tabous et des préjugés qu'ils se sentent coupables de les transgresser. Ils doivent en quelque sorte lutter contre eux-mêmes, ce qui non seulement réduit leur liberté d'action, mais leur ôte toute confiance en eux-mêmes. Ils se sentent coupables envers leurs éducateurs et les gardiens de l'ordre établi!

Placés face à un choix difficile, ils doutent de leurs capacités et renoncent à mener à bien leurs projets. Si vous êtes aux prises avec ce genre de problème, voici une méthode susceptible de vous en libérer peu à peu.

Premier point: démasquez les préjugés qui influencent vos émotions.

Peut-être cela vous étonne-t-il d'apprendre que vos émotions sont entachées de préjugés? Rassurez-vous, la plupart des gens s'imaginent aussi que leurs émotions vont et viennent au gré du vent sans aucun port d'attache. Ce n'est d'ailleurs trop souvent qu'une fois pris au piège de leurs émotions qu'ils en réalisent l'existence:

- Après avoir fait aveuglément confiance à une personne d'allure sympathique, ils constatent qu'ils se sont fait berner.
- Ils se froissent parce qu'une personne chère les a vexés de manière inattendue.

● De peur d'attirer l'attention, ils refrènent leurs joies.

● Ils se sentent coupables d'avoir joui de plaisirs que certains moralistes condamnent.

Ils se torturent à ressasser dans leur esprit les mêmes reproches qui minent leur confiance en eux-mêmes. Ils posent parfois des gestes de dépit ou de vengeance qui ne font qu'aggraver leur cas. Tout cela parce qu'ils refusent de s'occuper à temps de leurs émotions. Ils laissent au hasard le soin de déterminer comment ils réagiront aux diverses influences extérieures. En d'autres termes, ils demeurent vulnérables aux assauts de ceux qui savent jouer avec les sentiments des autres. Au lieu de s'interroger sur les intentions de ceux qui les abordent avec le sourire, ils se sentent flattés d'une telle attention.

Mon intention n'est pas de vous inciter à une méfiance systématique envers tous ceux qui se montrent aimables avec vous, mais plutôt de vous encourager à vous servir de votre bon sens pour éviter de vous faire rouler à la moindre occasion. Ne craignez pas de vous demander: « Ce type-là est-il honnête ou cherche-t-il seulement à m'avoir par les sentiments? » Avec un peu de pratique, vous éviterez de vous laisser attendrir quand on cherchera à vous exploiter. Voilà ce que j'entends par laisser la raison et les émotions faire bon ménage ensemble; il s'agit d'empêcher les autres de jouer à leur guise avec vos sentiments!

Et ils sont nombreux, croyez-moi, ceux qui cherchent à manipuler leurs semblables, que ce soit par la menace ou par la séduction, ou encore en faisant appel à votre honnêteté et même à votre vanité. Sans système de défense approprié, vous êtes assuré de tomber dans le piège à tout coup. L'éducation contribue d'ailleurs largement à rendre les gens influençables, comme en font foi certains principes inculqués aux enfants:

- « Il faut être aimable même envers les gens qu'on aime moins. »
- « Il faut savoir être compréhensif envers les autres, même si ce n'est pas toujours facile. »
- « Les déceptions font partie de la vie et il faut savoir les accepter si on veut apprendre à se dominer. »

De telles recommandations sont sans doute utiles à ceux envers qui vous vous montrez aimable contre votre gré et envers qui vous faites preuve d'indulgence et de compréhension, mais à quoi vous sert-il d'accepter sans mot dire, comme s'ils étaient une punition divine, les désappointements que ces gens vous occasionnent? Pourquoi ne pas prendre les moyens de vous défaire peu à peu de ce fardeau inutile? Y réfléchir, c'est déjà un pas dans la bonne direction!

Deuxième point: au lieu de les craindre, reconnaissez l'existence de vos émotions.

Reconnaître l'existence de ses émotions, c'est les accepter telles quelles sont et chercher à maintenir un équilibre dynamique entre elles et la raison. Avec un peu d'entraînement, vous ne craindrez bientôt plus de les laisser s'exprimer. Vous ne craindrez plus, par exemple, de remettre à sa place une personne qui vous tape sur les nerfs et que vous auriez auparavant supportée patiemment.

Pourquoi feriez-vous preuve de patience? Pour éviter de vous sentir coupable de ne pas être « gentil avec tout le monde »? Par peur d'être blâmé ou pointé du doigt par les autres? Demandez-vous plutôt en toute honnêteté: « À quoi me sert-il de rester en présence de cette personne? Qu'attend-elle de moi et vice versa? Qu'y a-t-il de plus important pour moi: avoir la paix ou continuer à perdre mon temps à ses côtés? » Si vous en venez à la conclusion que vous avez mieux à faire, alors n'hésitez pas à vous défaire de votre interlocuteur importun. À la question de savoir ce que les autres vont en penser, vous pouvez répondre: « L'opinion des autres ne me laisse pas indifférent mais, lorsque je prends une décision, je me fie avant tout à ma propre opinion. Du moment que je suis en accord avec moi-même, je n'ai rien à craindre de personne. »

Il faut en quelque sorte savoir faire régulièrement le ménage dans ses sentiments. Prenons l'exemple d'un jeune homme qui feint d'aimer sa mère et de lui obéir parce que c'est ce qu'elle attend de lui et qu'il n'ose pas la décevoir. Inutile de dire que ce jeune homme sera de plus en plus frustré et que plus il s'efforcera d'« honorer son père et sa mère » comme on le lui a appris, plus il les détestera au fond de lui-même. L'abîme qui sépare l'enfant de ses parents se creuse de plus en plus. Quand la morale traditionnelle emprisonne les sentiments des enfants à l'égard de leurs parents, faut-il se surprendre que surgissent des conflits de générations et que les jeunes s'évadent dans un monde où ils se croient plus libres de s'exprimer?

Trop souvent cependant, s'évader équivaut à devenir prisonnier d'habitudes encore plus néfastes que les premières. Mieux vaut donc parfois faire fi des conventions et laisser le trop-plein de frustrations s'échapper en toute liberté. Ainsi, rien n'empêche le jeune homme de notre exemple de faire comprendre à sa mère qu'il a également le droit de ne pas toujours être aimable, obéissant et gentil. Rien n'empêche non plus sa mère de l'encourager à exprimer également ses sentiments de frustration!

C'est donc en faisant honnêtement le ménage dans vos sentiments envers les autres que vous pourrez le mieux donner un nouvel élan à vos rapports avec eux. Évidemment, il importe de dépasser le simple stade de la réflexion et de passer à l'action si vous voulez vraiment vous libérer de la crainte qui vous empêche d'exprimer votre façon de penser. Une bonne façon de s'y prendre consiste à dresser une liste des personnes envers lesquelles vous souhaitez adopter un nouveau comportement émotif. Vous entamez alors une première conversation avec la personne qui vous semble la plus ouverte d'esprit. Fort d'un premier triomphe, vous passez à la suivante!

Cette façon de procéder vous familiarisera peu à peu avec vos émotions. Moins vous craindrez d'exprimer ce que vous ressentez vraiment, plus vous y gagnerez en confiance en vous-même. Car il est clair que, si vous reconnaissez ouvertement l'existence de vos émotions, vous êtes en meilleure position qu'une personne qui les refoule constamment de peur de déplaire aux autres.

Troisième point: laissez vos émotions faire bon ménage avec votre raison.

Bien des gens cherchent par tous les moyens à refouler leurs émotions au nom de la raison. Quand on y pense, il faut être masochiste pour agir de la sorte. La raison devrait en effet permettre aux émotions de s'exprimer librement tout en les gardant sous contrôle. Cela peut sembler contradictoire à première vue mais permettez-moi, en guise d'explication, de vous citer ces paroles pleines de sagesse de mon premier professeur de journalisme: « Être libre, c'est de pouvoir choisir ses propres chaînes. »

En d'autres termes, on ne peut agir librement que si on se délimite un champ d'action à l'intérieur duquel on est à l'aise. Espérer le contraire, c'est se condamner à chercher sans fin quelque chose qui n'a ni commencement ni fin, comme le font certains qui passent leur vie en quête de l'amour idéal, mais qui ne le trouvent pas faute de préciser exactement ce qu'ils entendent par là. La raison permet par conséquent de bâtir le cadre à l'intérieur duquel les émotions pourront s'épanouir librement, mais au-delà duquel on choisit de ne pas les laisser s'égarer.

Rien ne vous empêche, donc, de refouler volontairement certaines émotions, de cacher votre joie ou votre mépris. Ce qui importe, c'est que la décision vienne de vous et qu'elle ne vous soit pas imposée par les normes de votre entourage. Voilà qui est fondamentalement différent de ce que vos éducateurs vous ont probablement appris!

Quatrième point: débarrassez-vous de vos sentiments de culpabilité!

Les trois points précédents ont sûrement déjà commencé à faire la vie dure à vos sentiments de culpabilité, et il est certain que bientôt ils ne vous empêcheront plus de donner libre cours à vos émotions et de vivre heureux. Répétons simplement qu'il est important:

- de définir clairement ce que vous souhaitez et de vous y identifier;
- d'agir sans crainte en ce sens, même si cela doit choquer votre entourage.

Rappelez-vous qu'on se sent généralement coupable quand on agit ou qu'on souhaite agir sans respecter certaines notions dont voici quelques exemples:

- le sens de l'honneur
- la fidélité
- l'honnêteté
- l'ardeur au travail
- l'obéissance
- la politesse
- la fierté
- etc., etc.

Je viens de lire dans les journaux que le célèbre directeur de l'Opéra de Paris, Jean Salusse, s'est suicidé en se jetant en bas d'un logement situé au quatorzième étage. À l'origine du drame, une question d'honneur. Certaines déclarations de son intendant Rolf Liebermann l'auraient en effet à ce point blessé dans son honneur que monsieur Salusse aurait décidé de s'enlever la vie. Cela montre combien il est important de sans cesse remettre en question les notions qu'on nous a inculquées. Car ce que les journaux ne rapportent pas, ce sont trop souvent les drames quotidiens qui arrivent à un peu tout le monde:

- Certains se font des reproches parce qu'on les accuse d'être paresseux.
- D'autres pleurent le départ d'un être qui leur avait promis fidélité.
- D'autres encore sont facilement blessés dans leur fierté.

Pensez par exemple à ces femmes qui n'éprouvent aucun plaisir sur le plan sexuel, mais qui jouent la comédie plutôt que de tout avouer à leur mari. Pourquoi croyez-vous qu'elles endurent leur frustration sans mot dire? Probablement parce qu'elles sont trop fières pour déclarer ouvertement qu'elles n'ont pas le sang aussi chaud que les femmes qui se prétendent plus à la mode. Car il faut sûrement beaucoup de courage à une femme pour dire à son mari: « Écoute, j'en ai assez de jouer la comédie. À partir de maintenant, je veux être comme je suis et non comme il faudrait que je sois. » Ne croyez-vous pas en revanche que cette femme serait soulagée d'avoir enfin exprimé vraiment ce qu'elle ressent?

Pourquoi le grand amour échoue-t-il trop souvent sur d'amères déceptions?

Peu de notions ont été aussi galvaudées, maltraitées et mal comprises que celle d'amour. Un « je t'aime » peut correspondre à un sincère élan du coeur comme au pire des mensonges. Il suffit bien souvent d'un clin d'oeil à une femme pour feindre d'être amoureux, de même qu'il suffit d'un peu de vanité à un homme pour qu'il se croie aimé d'une telle femme. C'est ainsi que les gens ont tendance à croire ceux qui, sans être sincères, s'expriment avec le plus d'élégance et à négliger ceux qui, plus sincères, n'arrivent pas à communiquer leurs sentiments.

J'ignore à quoi cela tient au juste, mais nous avons tous besoin d'aimer et d'être aimés. Peut-être est-ce simplement par ambition, comme en font preuve ces hommes qui veulent se rassurer sur leur virilité en s'entourant constamment de femmes qui se pâment à leurs pieds? Ou peut-être est-ce dans l'espoir de fuir la triste réalité? Il peut en effet paraître plus facile de surmonter à deux les difficultés et de partager sa solitude avec une personne de confiance qui vous remonte le moral quand vous êtes déprimé.

Quoi qu'il en soit, l'amour est truffé de pièges qu'il est préférable de bien considérer *avant* qu'ils ne nous causent de trop vives déceptions. En voici trois exemples.

1. Croire que l'amour est éternel

Qui n'aimerait voir durer à jamais les meilleurs moments de la vie? Hélas! la réalité nous montre bien qu'il en est rarement ainsi et que le bonheur est toujours relié à l'instant présent. En d'autres mots, demain sera toujours différent d'aujourd'hui. C'est quand nous l'apercevons au bord du chemin qu'une fleur est vraiment belle, car c'est à cet instant précis que notre joie est la plus grande. Dès que nous la cueillons pour l'emporter avec nous, non seulement commence-t-elle à se faner irrémédiablement, mais notre intérêt pour elle diminue au fur et à mesure que nous nous habituons à sa présence. Il en est ainsi pour tout ce qui nous transporte de bonheur.

Tout dans la nature est en état de perpétuel changement, et pas plus l'amour que les sentiments en général n'échappent à cette loi. Si les sentiments peuvent connaître des hauts et des bas, ils ne demeurent jamais au même point. Rien ne sert par conséquent de chercher à les retenir. Et croire que l'amour gardera avec le temps le même degré d'intensité, c'est se réserver de fâcheuses désillusions. L'amour doit donc inévitablement connaître des hauts et des bas lui aussi. Affirmer naïvement: « Notre amour est si profond qu'il va demeurer à jamais intact! », c'est méconnaître le danger qui menace à l'horizon.

2. Se fier à la sincérité de l'autre

Le plus grand danger pour celui qui trouve l'amour après l'avoir longtemps cherché, c'est de surestimer le partenaire et de se sous-estimer soi-même. C'est de mettre l'autre sur un piédestal et de nourrir de chimériques attentes. Après un certain temps, la réalité retrouvera inévitablement ses droits, et alors commenceront les tentatives en vue de prolonger artificiellement un rêve qui tire à sa fin. Tandis qu'on s'efforce de garder intacts la confiance et les espoirs qu'on a placés en l'autre, c'est la méfiance envers cet autre qui s'installe peu à peu.

Car plus l'autre s'écarte de nos attentes, plus on se sent déconcerté, jusqu'au jour où il faut bien admettre que la réalité ne correspond pas à l'image qu'on s'en faisait. Et plus on a cru à la sincérité des sentiments de l'autre à notre égard, plus la déception sera grande.

3. Croire que l'amour fait des miracles

Je trouve incroyable la naïveté de ceux qui croient que l'amour peut faire des miracles et qui déclarent d'un ton enthousiaste: « Il ne peut rien nous arriver puisque nous nous aimons! » ou « L'important c'est de s'aimer. Tout le reste s'ensuivra. » Combien d'amoureux se sont laissé prendre au piège de cette illusion!

Pourtant, que de déceptions pourraient être évitées si les gens savaient reconnaître à temps que l'amour ne possède aucun pouvoir à lui seul? L'amour est un sentiment puissant, certes, mais il appartient à chacun de l'utiliser à bon escient. L'amour peut servir autant à engendrer des rêves impossibles qui deviendront cauchemars, qu'à édifier un bonheur solidement assis sur la réalité et prêt à affronter vents et marées.

Ces trois exemples ne représentent bien sûr qu'un faible échantillon des écueils qui attendent l'amour et les sentiments en général. Vous en connaissez certainement d'autres par expérience, mais souvenez-vous qu'on ne tire pas toujours des expériences passées les leçons qui s'imposent. Trop de gens refusent obstinément de tirer leçon de leurs erreurs et se contentent de se fier régulièrement à leurs émotions, même s'ils se cassent la figure à chaque fois ou continuent à se faire exploiter par le premier venu.

On ne peut rien faire pour ces gens-là, pas plus que pour ceux qui croient dur comme fer que l'amour peut faire des miracles et qui espèrent toujours en voir un se produire. On peut même supposer que ces bienheureux sont mieux armés pour faire face à la désillusion que ceux qui regardent la réalité en face et ne craignent pas d'affronter les coups du sort. En ce sens, il n'est pas complètement faux de dire que ceux qui ont la foi n'ont pas besoin de penser. Évidemment, ils n'ont pas besoin non plus de chercher à prendre leur sort en main ou de rechercher une plus grande liberté d'action: ils sont libres à l'intérieur des limites que leur impose leur totale dépendance de l'objet de leur croyance.

Cette forme de liberté présente toutefois un sérieux inconvénient: dès que le moindre doute s'infiltre dans leur système de croyances, ces gens-là deviennent malheureux. Si vous ne pouvez vous résoudre à les imiter, il ne vous reste qu'à trouver le moyen de tirer le meilleur parti de l'amour, tout en évitant les nombreux pièges qu'il vous tend. Ce moyen existe et on peut le résumer comme suit:

1. Il faut d'abord admettre que l'amour est soumis à la loi du mouvement perpétuel. Quand tout va bien, préparez-vous à affronter les moments où tout ira mal.

2. Même dans les meilleurs moments, il ne faut jamais attendre du partenaire plus qu'il ne peut donner, car il n'est pas parfait. N'espérez pas non plus emprisonner indéfiniment l'amour ou votre partenaire.

3. Il faut savourer les plaisirs de l'amour, mais savoir également user de son intelligence pour maintenir une relation durable avec une autre personne. L'amour ne fera pas de miracle pour vous: vous êtes seul responsable de votre bonheur!

Les cinq conditions de la réussite d'un mariage

Le mariage est un curieux mélange de sentiments, de romantisme, de raison et, surtout, de quotidien. Ceux qui pensent que l'amour suffit pour réussir un mariage sont dans l'erreur. S'aimer n'est pas une raison suffisante pour se marier.

On ne se marie pas sur un sentiment du moment, mais parce qu'on a des projets à long terme. Malheureusement, les vraies raisons du mariage restent trop souvent cachées. En prétextant se marier par amour, lui oublie qu'il en a assez de manger au restaurant et elle de travailler comme secrétaire et d'habiter chez ses parents. Lui en a sans doute également assez de passer ses soirées seul et de ne pouvoir satisfaire ses besoins sexuels. Pour tous deux, le mariage devient donc une fuite en avant, mais est-ce là son sens véritable?

Un humoriste viennois a dit un jour: « Les gens se marient pour résoudre à deux les problèmes qu'ils n'auraient pas s'ils étaient restés chacun de son côté. »

Plus sérieusement, on pourrait dire en revanche: « Le mariage permet de résoudre à deux les difficultés de la vie, et d'en tirer le maximum de bonheur en commun. » Voilà tout le sens du mariage! Malheureusement, les gens se contentent d'en faire un commerce et une institution que plus personne ne respecte et où on s'échange sans trop y croire des voeux pieux et factices. Bien sûr, la plupart sont fermement convaincus que le mariage est la consécration de l'amour, mais que vaut réellement cette conception romantique des choses?

Ce n'est pas parce que des gens refusent de divorcer après de nombreuses années de mariage qu'ils sont nécessairement encore heureux ensemble. Cela peut tout aussi bien signifier qu'ils se résignent à leur sort ou qu'ils veulent sauver les apparences. Par paresse ou par habitude, de nombreux couples restent unis même si un divorce serait plus salutaire pour les partenaires. D'autres craignent de refaire ailleurs les mêmes erreurs. En revanche, trop de couples divorcent avant même d'avoir appris à vivre en harmonie, persuadés que sont les conjoints d'être incapables de se supporter plus longtemps.

Il y a pourtant moyen d'apprendre à réussir son mariage. Il suffit de respecter certaines conditions que, malheureusement, très peu de gens (y compris parmi les soi-disant protecteurs de l'ordre et de la morale) sont disposés à enseigner:

● L'État ne prend le couple en charge que lorsque les partenaires ne s'entendent plus. Avocats et juges se disputent alors pour déterminer qui doit payer les pots cassés. Inutile de dire que de tels jugements seraient parfaitement superflus si l'État consacrait ses énergies à la prévention plutôt qu'à la consécration du divorce.

● Les différents organismes publics et privés veillent à ce que chacun ait les capacités voulues pour occuper quelque poste que ce soit. Partout on exige des diplômes, des certificats de compétence, de l'expérience, etc. Pourtant, la société prend pour acquis qu'aucune préparation n'est nécessaire pour que soit menée à bien une vie de couple.

● Votre éducation vous a-t-elle préparé au mariage? Avez-vous appris à l'école ou de personnes expérimentées quelles sont les qualités requises pour faire un bon mariage? En réalité, les adultes sont sans doute trop occupés à masquer leurs propres échecs en ce domaine pour enseigner quoi que ce soit aux plus jeunes!

S'il est dans vos projets de vous marier un jour, il serait bon de vous demander ce que vous attendez d'une vie de couple. Je répète: ce que *vous* en attendez et qui peut très bien s'éloigner du rôle que les autres espèrent vous voir jouer. Pensez-y bien, c'est votre avenir qui est en jeu!

Si vous êtes marié depuis de nombreuses années, ce genre de réflexion n'est pas complètement inutile non plus, croyez-moi! Si votre conjoint n'est plus qu'un fardeau pour vous et que vous refusez de divorcer par simple paresse ou par habitude, les recommandations suivantes pourraient vous aider à prendre une décision qui s'impose depuis longtemps, comme de recommencer à neuf dans de meilleures conditions! Quoi qu'il en soit de votre situation présente, voici les cinq conditions d'un mariage réussi.

Premièrement: Ne confondez jamais émotions et organisation.

Trop de couples sont désunis parce que les conjoints sont incapables de faire la distinction entre leurs sentiments et les nécessités de la vie quotidienne. Par exemple:

- Combien de femmes trouvent le moyen de culpabiliser leurs maris pour mieux les pousser au travail et se montrer plus exigeantes envers eux?
- Combien d'hommes achètent des robes et des bijoux à leurs femmes pour se faire pardonner de n'être jamais à la maison?
- Combien de femmes vendent leurs charmes à leurs maris en échange de la sécurité matérielle?

Quand les conjoints jouent ainsi sur les émotions l'un de l'autre dans l'espoir d'en tirer avantage sur le plan matériel, ils se blessent mutuellement. Ils entreprennent une lutte dont chaque victoire se gagne aux dépens de l'autre et ils en viennent peu à peu à craindre d'exprimer leurs sentiments véritables. De déception en déception, l'amour s'évanouit et la méfiance s'installe. C'est pourquoi les conjoints ont intérêt à délimiter clairement les deux pôles de leur union:

1. Le plan de l'organisation de leur vie en commun. Les responsabilités devraient être clairement définies, chacun se chargeant des tâches pour lesquelles il se sent le plus qualifié.

2. Le plan des émotions, de l'amour et de la tendresse. À ne *jamais* utiliser comme instrument de chantage.

Une discussion franche entre les conjoints sur ces questions peut être un excellent moyen de remettre en cause les rôles traditionnels à l'intérieur du couple, chacun assumant la part de responsabilités qui lui convient le mieux. Ainsi, je connais certaines femmes qui, malgré leur habileté à manier les chiffres, ne voient jamais la couleur du chèque de paie de leur mari. Ou d'autres qui doivent rendre des comptes comme autrefois les paysans à leur seigneur. Est-il surprenant que, dans une telle atmosphère de méfiance, les sentiments des gens se refroidissent? Est-il surprenant de voir certaines femmes prendre leur revanche au lit, par exemple, ou coucher avec le meilleur ami de leur mari en guise de représailles pour les humiliations et les frustrations accumulées?

Établir deux niveaux distincts de relations entre les époux permet non seulement de se défaire de dangereuses illusions romantiques, mais assure également le maintien d'un terrain d'entente à partir duquel on pourra résoudre intelligemment les problèmes et les conflits.

Au début de notre mariage, ma femme et moi nous sommes entendus pour ne jamais nous coucher en ayant une dent l'un contre l'autre. Cela nous conduit à discuter parfois âprement jusque tard dans la nuit, sans appréhender que l'un ou l'autre ne demande le divorce le lendemain. Une fois que chacun s'est bien vidé le coeur, nous nous endormons avec la certitude qu'au réveil, tout ira pour le mieux. Depuis dix-sept ans que nous sommes ensemble, je puis vous affirmer que cette petite entente a grandement contribué à sauvegarder notre entente conjugale, à notre plus grande satisfaction à tous deux! Pourtant, nous n'avons fait que délimiter les deux pôles de notre union:

- Le soir sert à régler les problèmes et les querelles de toutes sortes, qu'il s'agisse d'argent ou de l'éducation des enfants.
- Le lendemain, nous pouvons à nouveau exprimer librement les sentiments que nous éprouvons l'un pour l'autre. Celui qui a blessé l'autre la veille peut à nouveau manifester son amour sans avoir l'air d'exercer un chantage. Nous réglons nos problèmes au salon, pas dans le lit! D'ailleurs, nous attendons rarement jusqu'au petit matin pour faire la paix...

Deuxièmement: Prévoyez des discussions en tête-à-tête à intervalles réguliers.

Un moyen encore plus efficace que le précédent consiste à déterminer à l'avance le jour et l'heure où les époux laveront leur linge sale entre eux. Combien de mariages échouent en effet parce que les conjoints ont cessé de s'adresser la parole ou de discuter de choses importantes? Combien de couples n'osent plus se confier ce qui les préoccupe vraiment? Résultat: ils cessent de résoudre en commun leurs problèmes quotidiens.

Dès que l'un des conjoints se sent blessé par l'autre, il s'enferme dans son silence en prétextant: « S'il veut m'insulter, je cesse de lui adresser la parole. » Comme il serait plus efficace de dire: « Je n'ai pas apprécié ce que tu m'as dit; si on mettait les choses au point? » Dans le premier cas, on refuse d'éclaircir intelligemment la situation, alors que, dans le second, on est persuadé de la possibilité d'en venir à une entente. Comme quoi raison et émotions peuvent encore faire bon ménage ensemble!

Il n'est évidemment pas toujours facile de demeurer raisonnable quand notre orgueil est blessé et que de nombreux sentiments contradictoires sont en jeu. On ne voudrait pas donner l'impression de céder en faisant les premiers pas. Un moyen d'éviter ce genre de dilemme consiste à s'entendre à l'avance sur le moment où chacun pourra exprimer ses doléances à l'autre. À la maison, nous affichons même un écriteau sur lequel se lit, par exemple: « Que nous le voulions ou non, nous avons un entretien tous les mercredis à 19 heures. » Nous ne craignons pas de le laisser savoir aux enfants car cela nous oblige à tenir parole même quand nous en avons moins envie. Nous ne voudrions pas passer pour des menteurs aux yeux des enfants!

C'est un moyen très efficace, croyez-moi, de venir à bout des petites difficultés qui ne manquent jamais de surgir et d'empoisonner la vie d'un couple. Si une question tracasse l'un des conjoints au point qu'il en veut à l'autre, il peut toujours ronger son frein patiemment car il a la certitude que le problème se réglera le mercredi suivant. Et si personne n'a envie de se battre ce soir-là, il ne restera plus qu'à trinquer aux joies de la vie en commun! Il importe cependant de ne jamais sauter ce rendez-vous hebdomadaire.

Certains couples qui ont adopté avec succès cette habitude hebdomadaire utilisent une règle simple, mais efficace, pour éliminer les hésitations en début d'entretien: chacun est chargé à son tour d'entreprendre la discussion. Pendant ce temps, l'autre écoute attentivement. À vous d'établir les règles du jeu qui vous conviennent le mieux!

Troisièmement: Précisez ce que chacun est prêt à sacrifier et à tolérer pour la survie du couple.

Du fait que les conjoints n'ont pas toujours cru bon de préciser jusqu'où peut aller la liberté de chacun, de nombreuses difficultés surviennent en cours de route. Ainsi, certains se jurent fidélité pour mieux se mentir quelques années plus tard. Soit que l'un des deux manque à sa promesse tout en feignant qu'il n'en est rien; soit que les deux deviennent infidèles sans oser se l'avouer.

Parfois, le mari trompe sa femme un certain temps mais, de peur de devoir divorcer, il n'en laisse rien paraître. Or, bien souvent, elle est au courant et plus tolérante que le croit son mari. Néanmoins, elle doit certainement se demander ce que celui-ci a encore à cacher pour n'en jamais souffler mot! Ce genre de situation ne peut manquer de miner la confiance mutuelle des partenaires. Il n'est jamais trop tard pour parler ouvertement de ces questions et préciser ce qu'on attend de l'autre.

Le plus tôt est évidemment le mieux! Aussi, au lieu de se jurer une éternelle fidélité, les conjoints auraient intérêt à reconnaître que même les sentiments évoluent avec le temps et qu'il n'est pas impossible que l'un ou l'autre tombe un jour amoureux d'une autre personne. Cette possibilité étant admise, il reste à décider comment chacun réagirait en pareil cas. Faudrait-il rompre le contrat de mariage ou une certaine tolérance serait-elle de rigueur? Tout dépend évidemment de la force de caractère de chacun! Par exemple, certaines femmes s'offusquent à peine d'apprendre que leur mari a de petites aventures. D'autres s'en tiennent à la règle: « Peu m'importe ce que j'ignore! » D'autres encore ne se gênent pas pour s'accorder la même latitude que leur mari. Peu importe votre position sur le sujet, l'essentiel est d'en venir avec votre conjoint à un accord satisfaisant pour les deux.

Bien d'autres points demandent aussi un éclaircissement: Prendrez-vous vos vacances ensemble? Comment partager l'argent? Quelle attitude adopter envers les parents et les beaux-parents? Etc. Avant de répondre à ces questions, il importe de déterminer la marge de manoeuvre permise et de s'y tenir. De sorte que si l'un des conjoints s'obstine à dépasser les bornes fixées, l'autre n'a qu'à prendre ses dispositions en conséquence.

Rien n'est plus destructeur que de repousser sans cesse une décision qui s'impose. Quand la vie en commun est devenue un enfer pour l'un ou l'autre des deux partenaires, il devient inutile de prolonger le supplice en espérant que les choses s'arrangeront bientôt d'elles-mêmes.

Quatrièmement: Précisez comment vous comptez affronter les inévitables coups durs.

Il est probable que les trois mesures précédentes vous permettront de surmonter de nombreuses crises. Reste à prévoir ce que vous ferez en cas de coup dur. Voici quelques suggestions.

● Ne masquez pas le problème; parlez-en plutôt ouvertement. Supposez qu'on vous dise par exemple: « Tu m'excuseras, mais depuis ce midi je n'arrive plus à te supporter! » Ou encore: « Je n'ai pas aimé la façon dont tu viens de me traiter, disparais de ma vue! »

● Il importe alors de ne pas réagir en contre-attaquant ou en ridiculisant l'autre, mais plutôt en demandant: « Je te comprends. Tu crois que tu en as pour longtemps? » Si la question ne se règle pas immédiatement, il vaut mieux alors s'éviter pour quelque temps, quitte à ne s'en reparler qu'à la prochaine rencontre hebdomadaire.

● Une autre règle peut consister à s'en tenir à cette résolution: « Ne prendre aucune décision

définitive en période de crise conjugale. » Ainsi, lorsque la colère fait dire: « Je ne veux plus jamais te revoir! » ou « J'en ai assez de toujours céder! », cela ne devrait pas porter à conséquence.
● Une dernière règle devrait être de ne jamais laisser traîner une querelle jusqu'au lendemain, comme je l'ai déjà mentionné.

Cinquièmement: Ménagez-vous une « sortie de secours ».

Il est nécessaire de prévoir dès le départ les conditions d'une séparation, si jamais il devient impossible de prolonger la vie commune. Inscrites dans le contrat de mariage ou formulées autrement, il importe que ces conditions répondent aux questions suivantes:
● Comment les biens seront-ils répartis?
● Qui gardera la maison?
● Qui aura la garde des enfants? S'ils sont assez âgés, ces derniers devraient pouvoir exprimer leur avis, de même qu'ils devraient être tenus au courant de la situation.

Ces cinq mesures ont pour but de débarrasser l'institution du mariage de tout romantisme et de vous éviter querelles et déceptions. Certains prétendent qu'on ne doit pas parler de ces choses: devant l'autel n'a-t-on pas autre chose en tête que de songer à la répartition des avoirs en cas de divorce? D'autres préfèrent ignorer dédaigneusement ces questions: on ne devrait jamais confronter l'amour à des problèmes aussi terre-à-terre. Malheureusement pour ces gens-là, c'est souvent devant le juge qu'ils sont forcés de constater que l'amour de l'argent éclipse l'amour du conjoint!

Avant de signer leur contrat, peu de couples s'interrogent sur les causes de tant de divorces. On leur dit qu'ils sont unis jusqu'à ce que la mort les sépare, ce qui ne sert qu'à mieux masquer tous les obstacles qu'ils auront à rencontrer en cours de route.

Deux êtres qui prennent la peine d'envisager sérieusement ce qui les attend et de prévoir d'un commun accord comment ils réagiront en cas d'urgence, jouiront d'un immense avantage lorsque les inévitables difficultés se présenteront. L'expérience montre bien à ceux qui sont mariés depuis longtemps quelles erreurs ils auraient pu éviter en étant plus prévoyants. Peut-être trouveront-ils quand même dans les suggestions contenues ici l'occasion d'améliorer leur situation présente.

Résumé

Cette septième leçon vous a sans doute permis de vous familiariser avec vos émotions et de mieux les intégrer à votre vie. Certaines choses vous ont peut-être touché plus directement que d'autres et il y aurait encore beaucoup à dire sur le sujet. Mais l'essentiel peut, je crois, se résumer à ceci:

1. N'espérez pas de l'amour plus qu'il ne peut donner. Cherchez plutôt à établir un équilibre harmonieux entre vos émotions et votre raison.
2. Ne cherchez pas à étouffer vos émotions mais laissez-les s'exprimer librement à l'intérieur d'un cadre que vous aurez vous-même défini.
3. Ne laissez pas gouverner vos émotions par des problèmes quotidiens. Libérez-vous des contraintes en planifiant vos actions de manière appropriée.
4. Ne comptez jamais sur le pouvoir de l'amour pour régler vos problèmes conjugaux; faites plutôt appel à votre intelligence!
5. Le mariage n'est pas synonyme de paradis pour amoureux; vous devrez prendre soin de lui donner un cadre si vous souhaitez le préserver des écueils à venir.

Huitième leçon

Dans cette leçon, j'aimerais attirer votre attention sur la notion de temps et, en particulier, sur la relation qui existe entre l'instant présent, la journée et la vie entière. Pris dans le tourbillon des événements quotidiens, bien des gens ont en effet perdu toute notion réelle du temps. Or, il faut bien admettre que:

- les décisions sont toujours prises en l'espace de quelques secondes, et non au bout de quelques jours ou de quelques semaines;
- beaucoup perdent leur temps à tourner leurs regards vers le passé ou vers l'avenir, alors qu'ils oublient le présent et négligent de faire de chaque jour un élément essentiel d'une vie heureuse;
- pour mener une vie heureuse, il faut se faire une idée précise de ce qu'on attend de la vie et se tracer une ligne directrice qui nous indique comment agir au jour le jour aussi bien qu'à chaque instant.

Une attitude mentale positive et des objectifs bien définis, telles sont les conditions essentielles d'une vie heureuse et pleine. Il est cependant non moins important de bien maîtriser les techniques qui permettent de supprimer le doute et de mettre nos projets à exécution. Voici quatre règles en ce sens:

1. Définir ses objectifs
2. Avancer lentement mais sûrement
3. Faire preuve de ténacité
4. Se dépasser progressivement

Faites de chaque jour et de chaque instant des éléments essentiels de votre vie.

Certains aimeraient bien apporter des changements dans leur vie, mais sont persuadés de ne pas disposer du temps nécessaire. D'autres aimeraient donner un sens plus profond à leur vie et se proposent dès lors d'en faire plus qu'auparavant. Comme s'il suffisait d'offrir un meilleur rendement, de posséder plus de biens, d'être plus cultivé ou de vivre plus longtemps pour être heureux! Ce qui compte en réalité, c'est ce qu'on fait du temps mis à notre disposition. Les gens n'ont jamais de temps à eux parce qu'ils ont une conception fausse du temps et qu'ils ignorent comment répartir efficacement celui qui leur est alloué. Considérons la durée d'une vie entière.

1. Il serait normal, dans un premier temps, d'apprendre à se connaître soi-même et à connaître le monde qui nous entoure, pour ensuite apprendre à tirer le meilleur parti de la vie.

2. On pourrait ensuite, avec l'aide de personnes d'expérience, commencer à bâtir sa vie selon des objectifs personnels.

3. Enfin, il resterait simplement à jouir au maximum des fruits de son labeur.

En échafaudant sa vie à partir d'une telle conception, on serait assuré de suivre son propre rythme et on n'aurait pas besoin de courir à gauche et à droite comme font tant

167

de gens à notre époque. Il n'est toutefois possible de suivre son propre rythme que si on est vraiment désireux d'atteindre ses objectifs et assez discipliné pour toujours agir en ce sens.

Ceux qui, en revanche, agissent précipitamment ont trop souvent peur de ne pas avoir leur part de la surabondance de biens et services qui leur semblent indispensables au bonheur. Pis, ils n'arrivent même plus à y distinguer l'essentiel de l'accessoire. On leur répète de toutes parts:

- Votre bonheur dépend du respect que vous portez aux lois et aux règlements, même quand ils sont impopulaires.
- Faites preuve de civisme envers les autres.
- Achetez votre confort maintenant, payez-le plus tard.
- Ne discutez jamais avec un représentant de l'autorité: policiers, enseignants, juges et médecins connaissent vos besoins et leur métier mieux que vous.

De même, les gens ignorent si souvent les moyens de combler leurs désirs qu'ils perdent leur temps à vouloir imiter les autres au lieu de se demander d'abord ce qu'ils souhaitent au juste. Ils veulent jouir de chaque instant de la vie, mais leur quête du bonheur est tellement superficielle, que cet objectif demeure pour eux à jamais utopique. Comment peut-on en effet rêver de la sorte quand on est incapable de consacrer un seul instant à poser les fondements de son bonheur? On ne récolte que ce qu'on sème!

D'autres par contre possèdent tout pour être heureux, mais ne cessent d'en redemander et de courir éperdument après un bonheur qu'ils veulent toujours plus gros, plus beau, plus neuf. Leur vie devient une malheureuse quête sans fin. Le seul moyen de mettre fin à ce rythme infernal consiste à trouver et à vivre son propre rythme. Un exemple va nous permettre d'illustrer ce principe.

- Charles, âgé de trente-deux ans, souhaiterait avoir dans dix ans une vie professionnelle moins active et prendre le temps de s'occuper davantage de ses projets personnels.
- Il définit donc par écrit chacune des étapes qui doit le mener à son objectif et il précise comment il compte agir à chaque étape, un peu comme un architecte qui tracerait le plan d'une maison étage après étage.
- Supposons que Charles a comme objectif de s'établir à la ferme pour y cultiver la terre et y élever des animaux.
- Il évalue ses besoins et ses ressources ainsi que les risques et les chances de succès de l'entreprise.
- Une fois le plan au point, il peut répartir son emploi du temps de manière à respecter l'échéancier qu'il s'est fixé. Il sait ainsi quoi faire chaque jour et quelle décision prendre à chaque instant pour réaliser l'objectif de sa vie!

Certains jours, il y a des moments où il faut savoir prendre des décisions et faire des choix qui influenceront notre vie pour des mois et même des années. Il y a aussi des moments où il faut se décider à passer à l'action. Si, par paresse ou pour toute autre raison, on néglige alors de le faire, ce sont tous nos rêves qui s'écroulent d'un seul coup. Il importe donc au plus haut point de maîtriser l'art de prendre les bonnes décisions au bon moment.

Si, pour poursuivre notre exemple, Charles doit s'acheter une nouvelle auto au cours des dix prochaines années, son choix dépendra fortement de son objectif à long terme: « J'ai besoin de tout l'argent disponible pour payer la ferme. Par conséquent, raisonnera-t-il, je n'ai aucun intérêt à m'acheter une auto plus luxueuse qu'il le faut. » Si son désir d'acquérir une ferme est suffisamment intense pour lever tout doute à ce sujet, il évitera de se laisser tenter par les modèles plus attrayants lorsque viendra le temps de faire son choix.

Des milliers de gens sont incapables de faire un tel choix dans les moments cruciaux: dès lors, leurs projets échouent lamentablement à tout coup. Certes, leurs plans sont précis, leur enthousiasme est grand et leurs espoirs de réussite sont fondés. Mais ils sont incapables de concrétiser leurs rêves dans cette importante parcelle de vie qu'est l'instant qui passe. Jour après jour, ils ratent leur chance de mener à bien leurs objectifs à long terme parce qu'ils n'ont pas le courage de prendre les bonnes décisions et de renoncer à tout ce qui les détourne de leur véritable but.

Par ailleurs, je n'ai pas inventé le cas de Charles: ce dernier existe bel et bien. À trente-deux ans, il n'était toujours qu'un minable employé mal rémunéré d'une firme d'envergure nationale, lorsqu'il décida qu'à quarante-deux ans, il laisserait tout tomber pour aller vivre à la ferme, loin des pressions sociales et des exigences professionnelles. Aujourd'hui, quatorze ans plus tard, il laboure ses champs à quelques kilomètres de notre propre ferme, et sa femme enseigne à des filles dans la ville la plus proche. J'avoue qu'à la place de Charles, je n'aurais jamais pris un tel risque, mais l'essentiel, c'est que ni lui ni sa femme ne regrettent leur décision jusqu'à présent.

« Si vous ne surmontez pas tous les jours vos difficultés, vous n'y parviendrez pas plus en cent ans. »

Les gens ne manquent pas d'imagination quand vient le temps d'éviter de faire face à leurs obligations quotidiennes. C'est sans doute par manque de confiance en eux qu'ils se précipitent ainsi dans toutes les directions comme pour mieux fuir la réalité. Ils n'ignorent pas ce qu'ils ont à faire, mais ils sont trop paresseux pour s'y mettre. Ils se contentent de s'inventer des excuses. Voici quelques exemples parmi d'autres:

- Je suis tellement occupé que je n'ai pas le temps de faire ce que je voudrais.
- Dans le temps, j'avais fait des projets extra-ordinaires; malheureusement, j'ai toujours manqué d'argent pour les réaliser.
- J'ai commis beaucoup d'erreurs dans la vie, mais il est trop tard pour changer à mon âge.
- Je sais ce que je veux, mais je n'ai pas les moyens de me le permettre.
- Quand on a une famille sur les bras, il faut malheureusement enterrer ses rêves de jeunesse.
- Avec toutes mes obligations sociales, je n'ai plus le temps de m'accorder de distractions.
- Quand je reviens du bureau, je n'ai plus l'esprit à rien.
- Etc., etc.

Si les gens s'inventent autant d'excuses, ce n'est peut-être pas entièrement de leur faute. Après tout, notre éducation nous a tous largement conditionnés à jouer ce jeu. Mais si nous voulons nous en sortir, cela ne dépend désormais plus que de nous car personne n'a vraiment intérêt à nous pousser à le faire. Au contraire, plus les gens sont confortablement installés dans leur pétrin, plus il est facile de les manoeuvrer. Ils font de brave citoyens qui obéissent docilement à ce qu'on leur dit...

Cette attitude face à la vie a comme conséquence que les gens vivent en dehors de la réalité. En d'autres termes, leur esprit se tourne là où il existe le moins de problèmes à régler.

- Soit vers le passé: tout allait encore tellement bien dans le bon vieux temps!
- Soit vers l'avenir: les choses s'arrangeront bien d'elles-mêmes et tout ira de nouveau pour le mieux.
- Soit vers le monde du rêve et des illusions, là où vivent pour eux les héros du sport, du cinéma, de la bande dessinée, du roman et de la télévision.

Ceux qui rêvent à l'avenir ou au passé oublient de vivre le moment présent et, par conséquent, se privent du plaisir de vivre pleinement leur vie. « Je suis trop fatigué aujourd'hui, mais demain ce sera différent », affirment-ils très souvent. C'est ainsi que pour eux s'envolent irrémédiablement les meilleures occasions de se préparer adéquatement pour le lendemain.

J'en suis moi-même venu à la conclusion que chaque jour est l'équivalent de toute une vie ou, si vous préférez, qu'une partie de nos plus grands objectifs doit se réaliser tous les jours. Il faut constamment faire un pas dans la bonne direction si on veut vivre pleinement sa vie tous les jours. J'essaie par conséquent de vivre désormais selon le principe suivant: « Si vous ne surmontez pas tous les jours vos difficultés, vous n'y parviendrez pas plus en cent ans. »

Le jour où j'ai pris conscience de l'importance de chaque journée de ma vie, ma conception des choses a changé radicalement. J'ai tout d'abord cessé de remettre au lendemain ce que je pouvais faire le jour même et j'ai ensuite conçu un horaire quotidien où chaque activité est clairement identifiée depuis le lever jusqu'au coucher, en passant par le travail, les loisirs, les périodes de détente, de planification, de contrôle, etc. Enfin, j'ai pris le temps d'acquérir les objets, les facultés et les connaissances qui me permettent de tirer le maximum de chaque journée. Mes réflexions n'ont pas manqué d'être fécondes et j'en suis même venu à la conclusion que, si chaque jour est une réplique en miniature de la vie, il me faut vivre chacun d'eux comme s'il était le dernier de ma vie.

Cela m'a du même coup obligé à réfléchir sur le sens de la vie et de la mort, ainsi que de la souffrance et de la maladie, et à me défaire des idées toutes faites que j'avais sur le sujet. Il m'a même fallu quelques années avant de bien définir mes propres conceptions et de mettre par écrit un programme de vie personnel qui me sert toujours de référence en cas de doute. Je peux affirmer aujourd'hui que, grâce à ce programme détaillé, je ne crains plus de rater quoi que ce soit ni de renoncer aux distractions du monde extérieur. Je n'ai plus besoin de me précipiter à droite et à gauche pour trouver le bonheur car ma vie est taillée à ma mesure.

Pour ceux qui seraient tentés de croire que je suis parfaitement maître de moi-même, je précise que c'est loin d'être le cas. Je n'en suis pas malheureux pour autant car je n'ignore plus que la perfection ne s'atteint qu'après des années de patients efforts sans cesse renouvelés. Et j'ai bien l'intention de continuer jusqu'à la fin de mes jours! Il ne fait plus aucun doute dans mon esprit que j'apprends ainsi avec le temps à vivre de mieux en mieux. Et chaque jour de bonheur raffermit mon assurance de pouvoir surmonter les difficultés de la vie sans avoir recours à de faux prétextes ou à des plaisirs illusoires.

Comment se motiver à l'action

Comme je n'ai cessé de le répéter, il est nécessaire de définir ses objectifs avec précision et de passer à l'action si on veut les voir se réaliser un jour. Rappelez-vous que le training autogène peut vous être d'un grand secours à ce sujet, à condition que vous ne vous contentiez pas de l'utiliser dans des situations désespérées. Ne faites pas comme ceux qui prient le ciel de leur venir en aide alors qu'ils sont déjà empêtrés jusqu'au cou! Il faut pratiquer le training autogène *tous les jours* si vous comptez en tirer profit au moment opportun. Vous devez imprégner votre cerveau et votre subconscient des formules que vous souhaitez voir agir pour vous. L'exercice quotidien permet de réaliser ses rêves un peu plus chaque jour. Voici quatre règles en ce sens.

Règle # 1: Précisez vos objectifs.

Plus vos objectifs sont précis, plus il devient facile pour vous de les réaliser. Si, par exemple, vous souhaitez commencer un programme de conditionnement physique, ne vous contentez pas de dire: « À partir de demain, je fais des exercices tous les jours. » Prenez la peine de réfléchir au genre d'exercices qui vous conviendront le mieux et d'indiquer par écrit à quel rythme, dans quel ordre et à quel endroit vous comptez les faire. L'avantage de préciser ainsi ses intentions jusque dans leurs moindres détails, c'est que cela oblige le cerveau à prendre pleinement conscience du problème qui lui est posé. C'est donc une bonne façon d'imprégner son esprit de ses intentions. C'est également un excellent moyen d'éliminer d'avance les prétextes qui pourraient nous faire changer d'avis au jour J.

Un autre moyen de préciser un objectif, c'est d'établir un horaire fixe en disant, par exemple: « Rien ne m'empêche de faire mes exercices à 7h15 tous les matins, dimanches exceptés. » Cela vaut mieux que de simplement déclarer: « Je fais des exercices demain au lever. »

Règle # 2: Progressez lentement mais sûrement.

Il arrive souvent que nos attentes soient déçues parce que nous avions cru trop bien faire dès le départ. Un échec nous sert alors de prétexte pour tout abandonner prématurément. Pour garder notre exemple de conditionnement physique, si vous faites trente *push-up* le premier matin et que vous avez trop mal aux bras pour faire quoi que ce soit le lendemain, il y a de fortes chances pour que vous laissiez bientôt tomber votre programme d'entraînement au complet.

Mieux vaut donc procéder intelligemment et par étapes. Faites-en pour la peine, mais sans exagérer. Vous n'êtes pas là pour vous torturer! Ne donnez pas prise aux critiques de votre mental, qui serait trop heureux de vous décourager: « Est-il nécessaire de tant suer pour rester en santé? Comment espères-tu tenir le coup à t'éreinter tous les jours de la sorte? »

C'est d'ailleurs en procédant par étapes raisonnables que j'ai réussi à triompher d'un problème très personnel: j'étais incapable de me lever tôt. J'ai l'habitude de me coucher tard, ce qui a pour effet, le lendemain, de me faire garder le lit trop longtemps malgré moi. En effet, il m'arrive parfois de travailler jusqu'à 2 heures du matin et de faire la grasse matinée le lendemain. C'est comme si mon coeur refusait de battre à son rythme normal. Mais j'ai réussi à le déjouer en le « réveillant » progressivement.

Ma première idée le matin, c'est de dire: « Allez! un petit saut en bas du lit, quelques exercices et tout ira pour le mieux. » Ma deuxième idée par contre, c'est de dire: « Est-ce donc si important? Pourquoi ne pas rester couché encore quelques minutes? » Alors, comme il est rare que je saute immédiatement en bas du lit, je fais appel à un petit truc. Je m'étire les bras au-dessus des couvertures et les garde à vingt centimètres du lit. Je serre ensuite trente fois les poings.

À peine ai-je commencé ce petit exercice que je sais que je sortirai du lit dès qu'il sera terminé car mon coeur bat bientôt à son rythme normal. Je n'ai donc plus aucune excuse pour somnoler plus longuement et j'ai le sentiment agréable de savoir que j'ai encore une fois réussi à vaincre ma paresse.

Règle #3: Soyez tenace.

Chaque fois qu'on veut se défaire de vieilles habitudes ou en acquérir de nouvelles, il survient toujours des moments difficiles. La loi du moindre effort nous pousse alors à espérer que quelqu'un nous aidera à les surmonter, parce que nous sommes peu habitués à faire preuve d'endurance.

Au lieu de vivre leurs propres aventures, les gens se contentent de regarder celles qu'on leur présente à la télévision ou au cinéma. Le goût du risque ne leur vient que par personne interposée et, s'ils s'impliquent personnellement, ils s'assurent de pouvoir faire machine arrière à la moindre avarie. Bref, ils ne sentent pas le besoin de persévérer dans leurs entreprises et se contentent de passer négligemment d'une chose à l'autre. Malheureusement pour eux, il n'y a de bonheur possible que si l'on expérimente à fond les choses de la vie. Autrement dit, il faut savoir persévérer dans ses choix.

Rappelez-vous comment j'ai cessé de fumer. Après avoir échoué dans mes premières tentatives, j'ai été tenté, comme beaucoup de gens en pareil cas, de tout laisser tomber et de m'en tenir sans plus à mes vieilles habitudes. Or, pour atteindre un objectif, il faut plus qu'une simple décision comme: « Si ça ne marche pas après un certain temps, j'abandonne. » Il faut au contraire prendre la résolution de poursuivre jusqu'à obtenir le résultat escompté. Il est donc inutile d'entreprendre un programme d'exercices si c'est pour se dire quinze jours plus tard: « Je ne me sens pas plus en forme qu'auparavant, je ne vois pas pourquoi je continuerais. »

C'est clair, il est essentiel de faire résolument preuve de ténacité. Si j'ai cessé de fumer, c'est que j'étais prêt à lutter pendant dix ans et que je m'inquiétais peu de savoir si je triompherais le lendemain ou un an plus tard. En me débarrassant de la nécessité de réussir à tout prix, je pouvais laisser ma résolution faire librement son travail et me conduire invariablement vers mon objectif. Or, il m'a fallu un an de training autogène assidu pour l'atteindre.

Quand on décide d'aller jusqu'au bout, on n'a plus à s'inquiéter de voir tarder le succès. Il suffit de concentrer toute son attention sur la régularité des efforts à fournir au lieu d'espérer impatiemment toucher au but. Avec la persévérance, les obstacles perdent de leur importance et on leur résiste bientôt avec plus de vigueur. Persévérer, au fond, c'est refuser de lâcher prise quand le succès ne vient pas assez rapidement.

Règle # 4: Allez progressivement au bout de vous-même.

À force de répéter les mêmes exercices, la routine s'installe, l'enthousiasme initial s'émousse, et on devient plus négligent. Un bon moyen de donner un nouvel élan à ses projets, c'est de raviver son ardeur. Au lieu de faire cinq *push-up* le matin, passez à dix dès que vous vous en sentez capable, par exemple.

Trop souvent, les gens se sous-estiment parce qu'ils ne tentent jamais d'aller au bout de leurs capacités. Je sais par expérience qu'on peut faire beaucoup plus qu'on n'a été amené à le croire. On n'a pas toujours besoin du médecin

177

pour se soigner ni de la présence du patron pour travailler consciencieusement. Il est temps que les gens cessent de se dénigrer eux-mêmes et passent à l'action au lieu de se lamenter sur leurs faiblesses. Comme moi, ils seront surpris des résultats!

Il y a quelques années, j'ai voulu commander une table à un artisan. Ce dernier m'a fait savoir que j'en aurais pour six mois d'attente. J'ai donc décidé que nous la bricolerions, mon fils et moi: il nous a fallu trois week-ends pour y arriver! Elle ne figurerait peut-être pas dans une exposition, mais les visiteurs sont persuadés que nous l'avons achetée. L'essentiel, d'ailleurs, c'est qu'elle ait son utilité.

Mon fils et moi sommes présentement en train de dessiner les plans de ma salle de travail à la ferme. Vous pouvez être certain que nous ferons nous-mêmes les installations nécessaires!

Je me suis aussi intéressé récemment aux techniques japonaises d'auto-défense. Je n'avais l'intention d'assommer personne, mais plutôt celle d'améliorer ma condition physique. Je me suis donc inscrit dans une classe où l'on forme des gardes du corps. Au cours de la période de réchauffement, qui durait vingt minutes, nous faisions entre autres quinze *push-up*, ce qui était certainement le maximum dont j'étais capable. Un jour, notre professeur nous a proposé d'en faire trente. « Je n'y arriverai jamais! », pensais-je, tout en me demandant ce que mes compagnons plus jeunes allaient penser de moi.

Soudain, sans plus penser à rien, j'ai fermé les yeux et j'ai laissé mon corps monter et descendre tout seul. Aujourd'hui, je fais cinquante *push-up* tous les matins en dépit de mon âge. J'en serais probablement encore incapable si je n'avais appris ce jour-là à aller plus loin. Quand on ne craint pas de dépasser ce dont on se croit capable, non seulement on gagne confiance en soi, mais on s'encourage surtout à aller de l'avant dans ses projets.

Résumé

J'ai repris dans cette leçon quelques-unes des notions déjà abordées dans les chapitres précédents, c'est-à-dire, notamment: la nécessité de définir clairement ses objectifs et de faire preuve de patience et de persévérance tout au long de leur réalisation. J'ai aussi reparlé de training autogène. Mais l'essentiel de cette leçon portait sur la nécessité de prendre conscience de l'importance de chaque jour dans notre vie.

J'espère que vous répartirez désormais votre temps plus adéquatement sans plus être obligé de toujours courir à droite et à gauche. Planifiez chaque journée en vous demandant le matin:

- « Comment puis-je tirer le meilleur parti de cette journée qui commence? »
- « Comment puis-je me détendre sainement après le travail? »
- « Qu'est-ce que je peux faire pour mon corps aujourd'hui? »

À force de vous poser semblables questions, vous ne manquerez pas de vous bâtir bientôt un horaire régulier qui comportera, par exemple: quinze minutes de training autogène le matin et quinze minutes le soir, dix minutes de gymnastique au lever, quinze minutes de réflexion sur votre programme d'objectifs, etc., etc.

Neuvième leçon

Nous traiterons ici une dernière fois de deux notions qui reviennent tout le long du livre: le bonheur et la liberté. À mon avis, il n'y a pas de vrai bonheur sans liberté, pas plus que la liberté n'a de sens si on est malheureux.

Quand on parle de liberté, les gens pensent immédiatement à des notions aussi galvaudées que: liberté d'opinion et d'expression, libertés démocratiques, etc. Or, ces libertés n'existent qu'en imagination.

Je vous parle plutôt de liberté individuelle, c'est-à-dire de cette liberté bien concrète qui existe en chacun de nous et qui nous permet d'agir dans le sens de nos objectifs. Je ne parle pas non plus de cette liberté que certains nous octroient généreusement en échange de notre soumission à divers règlements. La liberté individuelle telle qu'elle s'actualise dans notre vie quotidienne, tel est le propos de cette leçon.

Moins vous aurez peur,
plus vous serez libre.

Certains se font beaucoup de soucis à propos de la liberté. Ils se battent pour la liberté d'expression dans les pays opprimés ou pour en faire inscrire le principe dans des textes de loi. Une telle activité est sans doute importante et j'en sous-estime probablement la portée. Ce qui m'agace, toutefois, c'est que ces gens cherchent la liberté ailleurs qu'en eux-mêmes. Il est évidemment terrible de penser que dans certains pays les gens redoutent constamment de se faire réveiller en pleine nuit par la police secrète. Mais notre sympathie pour eux ne devrait pas nous faire oublier nos propres peurs. Nous vivons peut-être en pays démocratique, mais pourquoi nous faut-il alors trembler devant nos parents, nos professeurs, nos supérieurs, nos voisins ou nos confrères de travail, comme cela se produit si souvent? Ou pourquoi faut-il que chaque année certains élèves s'enlèvent la vie plutôt que de présenter un mauvais bulletin de notes à leurs parents?

On pourrait croire que le rêve le plus cher de chacun, c'est de préserver sa liberté. Mais je suis certain que peu de gens sont en mesure de prendre les décisions et d'accepter les responsabilités que tout être libre se doit de prendre et d'accepter. Si du jour au lendemain les gens n'étaient plus tenus d'obéir à l'autorité et n'avaient plus de modèles à imiter, si plus personne ne leur disait quoi faire, penser, croire ou acheter, la majorité d'entre eux ne sauraient plus où donner de la tête. Et pourtant, certains d'entre eux continuent à se porter avec conviction à la défense de la liberté, c'est-à-dire d'une notion dont ils n'ont au fond qu'une bien vague idée. Bien souvent, ils se contentent pour eux-mêmes de bien peu de liberté comme de bien peu de bonheur. Ils prennent ce que les autres veulent bien leur laisser.

Bonheur et liberté sont, à mon avis, intimement liés, alors que sécurité et liberté sont en quelque sorte à l'opposé l'une de l'autre. Il suffit de penser d'ailleurs que ceux qui recherchent la sécurité le font souvent aux dépens de leur liberté. Ou que ceux qui possèdent la sécurité matérielle ont souvent à craindre de la perdre, ce qui dénote à quel point ils ne sont pas vraiment libres. Vous pourriez croire que je joue simplement sur les mots, mais c'est peut-être là une indication des différentes conceptions possibles de la liberté. C'est pourquoi il est essentiel de s'en faire une conception toute personnelle que nous puissions appliquer. Aussi, quand vous établirez votre programme d'objectifs personnels, ne manquez pas de vous demander:

- Suis-je aussi libre que je le crois?
- Qu'est-ce qui entrave ma liberté?
- Est-ce que je redoute certaines personnes?
- Que puis-je faire aujourd'hui pour combattre certaines de mes peurs?
- Comment puis-je modifier mon attitude mentale pour éliminer peu à peu mes craintes et jouir d'une plus grande confiance en moi?

Une fois lancé sur cette voie, on fait parfois des découvertes étonnantes. Écoutez ce qu'un de mes amis m'a dit récemment après s'être intéressé à ces questions: « Je crains plus de me retrouver un jour impuissant, que de devoir passer un an en prison tout seul dans ma cellule. » Une telle constatation n'a, à mon avis, rien d'extraordinaire en soi, mais elle peut sûrement paraître étonnante à celui qui a l'habitude d'employer des clichés pour exprimer sa pensée.

C'est ce qui explique que tant de gens ne s'interrogent jamais sérieusement sur leur conception de la liberté et ne cherchent donc pas à savoir où commence et où finit la leur. La liberté absolue est hors de portée pour à peu près tout le monde, mais la liberté relative dont chacun dispose est grandement tributaire de l'idée qu'il s'en fait. L'un peut très bien se croire opprimé là où un autre se sent parfaitement libre. Peut-être les points suivants vous aideront-ils à mieux définir votre propre conception de la liberté.

- Chercher à imiter certains modèles au point de vouloir leur ressembler peut être une entrave sérieuse à sa propre liberté.
- Avoir un esprit de compétition trop poussé revient à tomber dans le piège de ceux qui encouragent cette compétition à leur profit.
- Être incapable de renoncer à une chose équivaut à se rendre vulnérable au chantage.
- Les êtres chers sont souvent une plus grande menace pour notre liberté que nos ennemis.
- Espérer jouir demain d'une plus grande liberté qu'aujourd'hui, c'est remettre son sort entre les mains du hasard.
- Admettre que la vie est faite de hauts et de bas, c'est cesser de craindre de passer pour un raté en cas d'échec.
- Prendre la liberté de désobéir à des règlements insensés, c'est retrouver le sens de la justice qui manque parfois à ceux qui font les règlements.

Regarder en face les blocages, les peurs et les obstacles qui nous barrent la route du bonheur, c'est se frayer un chemin vers une plus grande liberté. Ne sous-estimez pas les petites victoires quotidiennes en ce sens. Elles ont pour vous plus d'importance que toutes les notions illusoires de liberté auxquelles tant de gens se raccrochent.

Il ne faut jamais dire: « Je n'ai jamais de temps à moi! »

Une dame d'un certain âge me confia un jour: « Depuis des années, je rêve d'écrire. Mais je suis tellement occupée que je n'en ai jamais le temps. » Son intention n'était certes par d'écrire pour gagner sa vie, sinon elle serait morte de faim depuis longtemps. Elle était d'ailleurs suffisamment fortunée. Elle désirait plutôt libérer son esprit de ce qui l'accablait.

Comme elle me demandait mon avis sur la voie à suivre, je répondis: « Si vous êtes sûre de pouvoir consacrer quinze minutes par jour à l'écriture, je ne vois pas où serait la difficulté. » La réplique me parvint comme une flèche empoisonnée: « Bien sûr que j'aurais quinze minutes! Mais ça me servirait tout au plus à mettre trois lignes par écrit, alors à quoi bon? Si je m'y mets sérieusement, j'en ai pour trois cents pages! »

Depuis dix ans que cette rencontre a eu lieu, cette femme n'a toujours rien écrit. Pourtant, à raison de trois lignes par jour, elle aurait pu rédiger onze mille lignes ou l'équivalent de trois cent soixante-cinq pages. Combien de gens sont dans la même situation! Ils ne réalisent jamais leurs rêves sous prétexte qu'ils n'en ont pas le temps.

Ils savent exactement ce qu'ils veulent et ils y tiennent mordicus mais, assez curieusement, quelque chose de plus important s'interpose toujours entre leur rêve et sa réalisation. À quoi cela tient-il? Tout simplement au fait qu'ils ont peur de passer à l'action. Après avoir entretenu des années leur projet dans leur imagination, ils en ont fait un monstre qu'ils craignent de laisser échapper et de ne plus pouvoir contrôler. Ils ne cessent alors de remettre à plus tard le moment où ils l'affronteront.

Incapables de décortiquer leur projet grandiose et de répartir adéquatement le temps qu'ils veulent y consacrer, ils le sont aussi de prendre quinze minutes par jour ou de décider de s'y mettre. Il m'apparaît cependant inconcevable qu'une personne vivant dans des conditions normales ne puisse trouver le temps de mettre ses projets à exécution. Ou de modifier son rythme de vie de manière à se procurer le temps nécessaire. Certains projets exigent qu'on s'y consacre assez longtemps; ce n'est pas une excuse pour les repousser jusqu'au jour où, par dépit, on décide de les abandonner totalement.

Il y a un temps pour chaque chose et chaque chose arrive en son temps. Vous l'avez sûrement déjà remarqué: ce qu'on n'arrivait pas à obtenir hier malgré tous nos efforts nous tombe aujourd'hui soudain tout cuit dans la bouche.

- Il en est de même en amour, comme dans le mariage.
- Il en est de même pour les révolutions qui échouent lorsque les temps ne sont pas mûrs.
- Cela vaut aussi pour le moment où il faut demander une augmentation de salaire.
- Cela vaut enfin pour tout ce que nous désirons obtenir tout en y consacrant les efforts nécessaires.

Winston Churchill a dit avec raison: « Qui n'a pas la patience d'attendre le moment propice pour passer à l'action se voit contraint de dépenser plus que nécessaire en énergie et en temps pour atteindre ses objectifs, s'il y réussit. » Malheureusement, nous pensons trop souvent dans notre suffisance pouvoir déjouer le cours du temps. Pourtant, si nous voulons nous épargner temps et efforts, il faut nécessairement tenir compte du fait que, je le répète:

1. il y a un temps pour chaque chose;
2. chaque chose arrive en son temps.

Mais comment savoir si le moment est propice et combien de temps il faut pour qu'une chose se produise? À l'époque de ma jeunesse, un de mes amis avait coutume de dire: « Je ne m'enticherai jamais d'une jeune fille au point de la laisser me faire perdre mon temps. » Ainsi, s'il donnait rendez-vous à une jeune fille pour 20 heures et qu'elle n'était toujours pas là dix minutes plus tard, il quittait les lieux. Pour lui le cas était réglé.

J'admirais à ce point mon ami que j'ai fait mienne son habitude. Elle ne diffère d'ailleurs guère des paroles de Churchill et confirme qu'il y a un temps pour chaque chose et que chaque chose arrive en son temps. Ce qu'il est important de retenir de ces principes, c'est ceci.

● Les choses n'ont que l'importance que nous leur accordons. À nous par conséquent d'évaluer le temps que nous désirons leur consacrer.

● Il faut savoir s'en tenir à cette évaluation, un peu comme un joueur au casino qui détermine d'avance quel montant il consent à risquer pour son plaisir et qui quitte les lieux dès que la somme est perdue. De cette manière, il évite non seulement de dépenser plus qu'il ne possède, mais il s'épargne aussi bien des reproches et des remords.

● Il faut savoir demeurer réaliste. Si une jeune fille ne juge pas opportun de se présenter à temps à un rendez-vous, il y a de quoi s'interroger sur l'intérêt qu'elle nous porte. Il devient alors inutile de gaspiller son temps pour quelque chose qui se produira tout seul à un moment plus opportun.

● Il faut éviter de prendre des décisions sur la foi de sentiments illusoires. L'ambition, la fierté et le besoin de se faire valoir peuvent causer notre perte tout comme chercher à se contraindre ou à contraindre l'autre par la force et la violence. Ce sont autant de pièges à éviter si nous voulons prendre des décisions valables.

Forcer les choses à se produire peut coûter très cher. Le bilan de la victoire est susceptible de contenir quelques points noirs.

- Notre empressement aura laissé des traces qu'un peu plus d'attention aurait permis d'éviter.
- Si nous avons persuadé quelqu'un d'agir dans le sens contraire de ses intentions profondes, il ne peut que nous faire savoir sa désapprobation.
- Si nous n'avons pas été à la hauteur de la situation, nous ressemblons à ceux qui, après avoir connu des succès trop rapides en affaires, perdent tout contrôle de la situation et se retrouvent Gros-Jean-comme-devant.

Quand on a bien compris ces principes, il n'y a plus aucune raison de prétexter le manque de temps. Ce qui est important pour nous peut nous être donné si nous savons l'apprécier à sa juste valeur et lui consacrer le temps et les énergies appropriées, et si nous réussissons à passer à l'action au bon moment.

La liberté se gagne par des actes et non par des paroles.

Combien de promesses et de belles paroles n'entendons-nous pas! Nous les écoutons toujours avec plaisir car elles ne manquent pas d'encourager notre paresse d'esprit tout en nous incitant rarement à passer à l'action. Elles nous permettent de dire: « S'il arrive quelque chose, mon assurance va s'en occuper. » Ou encore: « Je n'ai pas besoin de me tracasser puisqu'on m'indique exactement quoi faire. »

Si vous ne me croyez pas, regardez simplement autour de vous! On croirait voir des naufragés qui s'accrochent désespérément aux promesses d'un parti, du gouvernement, de leur compagnie d'assurances ou de la firme qui les emploie. Quand ils partent en vacances, ils s'assurent que l'agence de voyages réglera pour eux jusqu'au moindre détail et ils se laissent conduire comme des troupeaux dans les endroits qui, aux dires de tout le monde, valent le déplacement. Leurs repas se composent de ce que l'agent de voyage a pu obtenir au meilleur compte!

N'êtes-vous pas d'avis que cet état de dépendance à l'égard d'autrui se répand dans des proportions épidémiques? La moindre de nos pensées et de nos actions est conditionnée par notre entourage et ce ne sont pas quelques paroles en l'air sur le thème de la liberté qui vont y changer quoi que ce soit. Bien sûr, nous sommes parfaitement libres de nous procurer ou non ce qu'il nous faut. Mais est-il certain que nous achetons uniquement ce dont nous avons besoin? Ne réagissons-nous pas plutôt à la publicité? D'ailleurs avons-nous la moindre idée de ce qu'il nous faut réellement pour être heureux?

J'étais un jour attablé, à l'occasion d'une cérémonie officielle, en compagnie de messieurs qui possèdent cet air de supériorité que confèrent le pouvoir et la richesse. Au cours du repas, la discussion porta à un moment donné sur des thèmes tels que le bonheur et la liberté, thèmes que, de toute évidence, ces messieurs n'avaient pas abordés depuis longtemps. J'ai été surpris de les entendre parler comme si ces questions ne les touchaient pas personnellement. Ce n'était qu'une suite de mots creux et sans signification: « Quand on est jeune, on a toujours un idéal de liberté. Avec le temps malheureusement, la vie se charge de vous enlever toutes vos illusions. » — « Être libre, c'est posséder assez d'argent. Mais il faut avoir aussi le pouvoir pour être vraiment heureux. » — « Plus on laisse de liberté aux gens, plus ils en abusent. » Ces gens se disent libres et heureux mais, au fond, ils sont aussi esclaves de leurs soucis que vous et moi. Voici ce que j'ai pu apprendre au cours de cette longue soirée de discussion:

> ● L'un d'eux n'arrivait pas à dormir à cause de frasques de sa fille de 21 ans, qui venait de partir pour l'Inde sur un coup de tête.
> ● Un autre vivait au rythme du cours des actions. Il craignait sans cesse de perdre quelques millions du jour au lendemain.
> ● Un troisième était persuadé d'avoir un cancer à l'estomac et dépensait une fortune pour se faire rassurer par les spécialistes sur son état de santé.

J'ai pu aussi entendre des remarques telles que: « Je ne peux plus boire comme avant. Mon médecin prétend que mon foie est devenu paresseux. » — « J'ai déjà fait deux infarctus, alors il faut bien que je fasse un peu attention à moi. » Pourtant, tous se disaient convaincus d'être parfaitement libres et heureux!

Si tout cela peut sembler ridicule, il n'y a vraiment pas de quoi rire, car nous sommes à peu près tous convaincus qu'il existe quantités de choses infiniment plus importantes

que de se pencher sur soi-même et sur son bonheur quotidien. Il faut penser à la prospérité et au progrès, il fait bon
susciter l'admiration et l'envie, etc. Nous fuyons constamment ce que nous sommes, au lieu de prendre la peine de
nous retrouver avec nous-mêmes, ce qu'il est possible de
faire par de petites actions qui peuvent cependant influencer
tout le cours de notre vie, comme:

- Prendre quinze minutes tous les jours pour
pratiquer le training autogène.
- Mettre par écrit les objectifs qui orienteront
notre vie.
- Triompher peu à peu de nos peurs.
- Faire tous les jours dix minutes de gymnastique
qui font plus pour la santé que n'importe quel
médecin.
- Laisser nos émotions s'exprimer au lieu de les
refouler.

Aucune promesse du monde extérieur ne peut vous
apporter autant de bonheur et de liberté que la plus petite
des actions que vous entreprendrez pour votre propre
bénéfice. En persévérant dans la voie que vous vous
tracerez, vous transformerez votre vie pour le mieux sans
même vous en rendre compte. Vous n'aurez plus besoin de
l'approbation des autres pour redécouvrir toute votre
importance et la nécessité de passer à l'action plutôt que
de vous fier naïvement aux promesses des autres. Agir
c'est vivre!

Vivre seulement en pensées et en paroles n'a aucune
portée réelle, comme en fait foi le témoignage du célèbre
alpiniste Reinhold Messner, qui déclarait récemment à des
journalistes: « La grande majorité des gens de notre époque
sont prisonniers d'un monde artificiel bâti sur des valeurs
fausses. Ils tremblent pour leur emploi ou devant un
examen parce qu'ils n'ont jamais connu de vrais dangers. »

Messner trouve son bonheur et sa liberté dans la conquête des rochers les plus escarpés et des plus hauts sommets du monde. Mais il n'est pas nécessaire de quitter le plancher des vaches pour être heureux. Il suffit de se débarrasser des liens étouffants que notre éducation a tissés autour de notre personne et de prendre chaque jour le temps de jouir un peu plus de la vie que nous nous sommes tracée. Cela peut être aussi fascinant que d'escalader l'Everest!

Résumé final

Maintenant que votre lecture est terminée, il peut se passer deux choses: ou vous considérez que l'information présentée a plus ou moins d'intérêt pour vous et retournez à vos occupations habituelles; ou vous êtes tenté de modifier certaines choses dans votre vie. Si vous vous trouvez dans le deuxième cas, ne commettez pas l'erreur de sortir vos préoccupations présentes du contexte plus général de votre vie. Ce livre n'a pas pour but de vous fournir quelques tuyaux en vue de vous défaire en vitesse de certaines habitudes néfastes. Il devrait plutôt vous inciter à mettre en place les conditions nécessaires pour vous permettre de régler *tous* vos problèmes.

Par exemple, vous ne trouverez aucune indication à suivre pour cesser de fumer. Ma propre expérience ne devrait que vous *inciter* à le faire, si vous y tenez. Les leçons précédentes vous enseignent quelle attitude prendre et quelle technique utiliser à la fois pour cesser de fumer, mais aussi pour vaincre l'alcoolisme, la peur des examens, la peur en général, la gêne devant ses supérieurs ou, tout simplement, pour arriver à exprimer ses émotions.

Mais tout cela n'est encore une fois qu'une faible partie des avantages que vous pouvez retirer de ce livre. À la limite, vous regarderez *tous* vos problèmes en face et vous prendrez les moyens de les régler vous-même. Vous saurez admettre que:

- Vous fumez probablement par nervosité ou par manque de confiance en vous-même. La cigarette vous donne alors une fausse impression de paix et de sécurité intérieure.
- Il faut par conséquent vous créer d'abord un havre de paix et de tranquillité. Vous en viendrez à imaginer les conditions qui vous permettront de

vivre selon vos goûts, de manière à vous sentir à l'aise dans votre nouvelle vie.

● Une des conditions à remplir pour assurer votre tranquillité d'esprit consiste à prendre soin de votre santé. Vous en viendrez donc à surveiller votre alimentation, à boire modérément, à faire des exercices, à pratiquer le training autogène et à décider... de cesser de fumer!

● Parvenu à ce point de vos efforts, il ne vous restera plus qu'à perfectionner l'art de réaliser vos objectifs en passant à l'action dans les autres domaines de votre vie.

Si vous cessez de fumer, vous ferez en effet un grand pas dans l'actualisation de votre programme d'objectifs. Cela aura automatiquement une influence positive sur d'autres aspects de votre vie. Vous y gagnerez en confiance et serez donc tenté d'aller de l'avant dans vos autres projets.

Considérez par conséquent ce livre comme un ouvrage de référence tant que vous n'aurez pas la certitude de pouvoir faire face à toutes les situations. Une fois parvenu à ce stade, ne vous gênez pas pour suivre vos propres directives et aller votre propre route. Ce livre n'a pas d'autre intention que de vous amener au point où vous déciderez en toute liberté de vivre vos propres aventures. Ne vous sentez donc jamais obligé d'agir dans le sens de mes recommandations. Faites plutôt vos propres expériences sans craindre de vous tromper. Vous apprendrez d'ailleurs davantage de vos erreurs que si vous suivez aveuglément les conseils de tous ceux qui prétendent vous enseigner la vérité et de tous ceux qui vous ont toujours dit quoi faire depuis votre tendre enfance.

Ceci dit, permettez-moi de revenir une dernière fois sur certaines notions essentielles dont vous devrez toujours tenir compte dans vos démarches.

● Tout ce que vous désirez modifier ou réaliser dans votre vie dépend de deux choses: vous devrez vous en faire une idée précise et maîtriser les moyens d'action à votre disposition.

● Ne vous contentez pas d'apprendre ou de comprendre comment tirer meilleur parti de la vie. Sachez vous identifier à vos objectifs au point de les avoir dans la peau autant que dans le cerveau. Vous devez en vivre et en manger à chaque instant!

● Mettez vos nouvelles habitudes en pratique tant et aussi longtemps qu'elles ne se tranformeront pas en besoin fondamental pour vous.

● La solution à tous vos problèmes est en vous. Cessez par conséquent d'espérer que les autres vous diront quoi faire pour être heureux et pour profiter pleinement de la vie.

Je vous souhaite de réussir dans vos démarches.

En terminant, j'adresse mes sincères remerciements aux amis, aux connaissances et aux confrères de travail qui ont contribué par leurs conseils et leurs encouragements, directement ou indirectement, à l'élaboration de ce livre.

Enfin, je suis tout particulièrement reconnaissant à ma femme Christa et à mes fils Harald et Ronald de la compréhension dont ils ont fait preuve à mon égard tout au long de mon travail.

Table des matières

*Lithographié au Canada
sur les presses de
Métropole Litho Inc.*

Ouvrages parus chez

 le jour,
éditeur

COLLECTION BEST-SELLERS

COLLECTION ACTUALISATION

COLLECTION VIVRE

* **On n'a rien pour rien,** Raymond Vincent
Parlez pour qu'on vous écoute, Michèle Brien
Pensée constructive et le bon sens, La, Raymond Vincent
* **Principe du plaisir, Le,** Dr Jack Birnbaum
* **Puissance de votre subconscient, La,** Dr Joseph Murphy
Reconquête de soi, La, Dr James Paupst, Toni Robinson
* **Réfléchissez et devenez riche,** Napoleon Hill
Règles d'or de la vente, Les, George N. Kahn

Réussir, Marc Hanot
* **Rythmes de votre corps, Les,** Lee Weston
* **Se connaître et connaître les autres,** Hanns Kurth
* **Succès par la pensée constructive, Le,** N. Hill, W.C. Stone
Triomphez de vous-même et des autres, Dr Joseph Murphy
Vaincre la dépression par la volonté et l'action, Claude Marcotte
* **Vivre, c'est vendre,** Jean-Marc Chaput
Votre perception extra-sensorielle, Dr Milan Ryzl

COLLECTION VIVRE SON CORPS

Drogues, extases et dangers, Les, Bruno Boutot
* **Massage en profondeur, Le,** Jack Painter, Michel Bélair
* **Massage pour tous, Le,** Gilles Morand
* **Orgasme au féminin, L',** Christine L'Heureux
* **Orgasme au masculin, L',** sous la direction de Bruno Boutot

* **Orgasme au pluriel, L',** Yves Boudreau
Pornographie, La, Collectif
Première fois, La, Christine L'Heureux
Sexualité expliquée aux adolescents, La, Yves Boudreau

COLLECTION IDÉELLES

Femme expliquée, La, Dominique Brunet

Femmes et politique, sous la direction de Yolande Cohen

HORS-COLLECTION

1500 prénoms et leur signification, Jeanne Grisé-Allard

Bien s'assurer, Carole Boudreault et André Lafrance

Autres ouvrages parus aux Éditions du Jour

ALIMENTATION ET SANTÉ

ART CULINAIRE

DOCUMENTS ET BIOGRAPHIES

ENFANCE ET MATERNITÉ

Enfants du divorce se racontent, Les,
Bonnie Robson

Famille moderne et son avenir, La,
Lynn Richards

ENTREPRISE ET CORPORATISME

Administration et la prise, L', P. Filia-
trault, Y.G. Perreault

Administration, développement,
M. Laflamme, A. Roy

Assemblées délibérantes, Claude
Béland

Assoiffés du crédit, Les, Fédération
des A.C.E.F. du Québec

Coopératives d'habitation, Les, Mu-
rielle Leduc

Mouvement coopératif québécois,
Gaston Deschênes

Stratégie et organisation, J.G. Des-
forges, C. Vianney

Vers un monde coopératif, Georges
Davidovic

GUIDES PRATIQUES

550 métiers et professions, Françoise
Charneux Helmy

Astrologie et vous, L', André-Pierre
Boucher

Backgammon, Denis Lesage

Bridge, notions de base, Denis
Lesage

Choisir sa carrière, Françoise Charneux Helmy

Croyances et pratiques populaires,
Pierre Desruisseaux

Décoration, La, D. Carrier, N. Houle

Des mots et des phrases, T. I, Gérard
Dagenais

Des mots et des phrases, T. II,
Gérard Dagenais

Diagrammes de courtepointes, Lu-
cille Faucher

Dis papa, c'est encore loin?, Francis
Corpatnauy

Douze cents nouveaux trucs, Jeanne
Grisé-Allard

Encore des trucs, Jeanne Grisé-
Allard

Graphologie, La, Anne-Marie Cob-
baert

Greffe des cheveux vivants, La,
Dr Guy, Dr B. Blanchard

Guide de l'aventure, N. et D. Bertolino

Guide du chat et de son maître, Dr L.
Laliberté-Robert, Dr J.P. Robert

Guide du chien et de son maître, Dr L.
Laliberté-Robert, Dr J.P. Robert

Macramé-patrons, Paulette Hervieux

Mille trucs, madame, Jeanne Grisé-
Allard

Monsieur Bricole, André Daveluy

Petite encyclopédie du bricoleur, La, André Daveluy

Parapsychologie, La, Dr Milan Ryzl

Poissons de nos eaux, Les, Claude Melançon

Psychologie de l'adolescent, La, Françoise Cholette-Pérusse

Psychologie du suicide chez l'adolescent, La, Brenda Rapkin

Qui êtes-vous? L'astrologie répond, Tiphaine

Régulation naturelle des naissances, La, Art Rosenblum

Sexualité expliquée aux enfants, La, Françoise Cholette-Pérusse

Techniques du macramé, Paulette Hervieux

Toujours des trucs, Jeanne Grisé-Allard

Toutes les races de chats, Dr Louise Laliberté-Robert

Vivre en amour, Isabelle Lapierre-Delisle

LITTÉRATURE

À la mort de mes vingt ans, P.O. Gagnon

Ah! mes aïeux, Jacques Hébert

Bois brûlé, Jean-Louis Roux

C't'a ton tour, Laura Cadieux, Michel Tremblay

Coeur de la baleine bleue, (poche), Jacques Poulin

Coffret Petit Jour, Abbé J. Martucci, P. Baillargeon, J. Poulin, M. Tremblay

Colin-maillard, Louis Hémon

Contes pour buveurs attardés, Michel Tremblay

Contes érotiques indiens, Herbert T. Schwartz

De Z à A, Serge Losique

Deux millième étage, Roch Carrier

Le dragon d'eau, R.F. Holland

Éternellement vôtre, Claude Péloquin

Femme qu'il aimait, La, Martin Ralph

Filles de joie et filles du roi, Gustave Lanctôt

Floralie, où es-tu?, Roch Carrier

Fou, Le, Pierre Châtillon

Il est par là le soleil, Roch Carrier

J'ai le goût de vivre, Isabelle Delisle

J'avais oublié que l'amour fût si beau, Yvette Doré-Joyal

Jean-Paul ou les hasards de la vie, Marcel Bellier

Jérémie et Barabas, F. Gertel

Johnny Bungalow, Paul Villeneuve

Jolis deuils, Roch Carrier

Lapokalipso, Raoul Duguay

Lettre à un Français qui veut émigrer au Québec, Carl Dubuc

Lettres d'amour, Maurice Champagne

Une lune de trop, Alphonse Gagnon

Ma chienne de vie, Jean-Guy Labrosse

Manifeste de l'infonie, Raoul Duguay

Marche du bonheur, La, Gilbert Normand

Meilleurs d'entre nous, Les, Henri Lamoureux

Mémoires d'un Esquimau, Maurice Métayer

Mon cheval pour un royaume, Jacques Poulin

N'Tsuk, Yves Thériault

Neige et le feu, La, (poche), Pierre Baillargeon

Obscénité et liberté, Jacques Hébert

Oslovik fait la bombe, Oslovik

Parlez-moi d'humour, Normand Hudon

Scandale est nécessaire, Le, Pierre Baillargeon

Trois jours en prison, Jacques Hébert

Voyage à Terre-Neuve, Comte de Gébineau

SPORTS

Baseball-Montréal, Bertrand B. Leblanc

Chasse au Québec, La, Serge Deyglun

Exercices physiques pour tous, Guy Bohémier

Grande forme, Brigitte Baer

Guide des sentiers de raquette, Guy Côté

Guide des rivières du Québec, F.W.C.C.

Hébertisme au Québec, L', Daniel A. Bellemare

Lecture de cartes et orientation en forêt, Serge Godin

Nutrition de l'athlète, La, Jean-Marc Brunet

Offensive rouge, L', G. Bonhomme, J. Caron, C. Pelchat

Pêche sportive au Québec, La, Serge Deyglun

Raquette, La, Gérard Lortie

Ski de randonnée — Cantons de l'Est, Guy Côté

Ski de randonnée — Lanaudière, Guy Côté

Ski de randonnée — Laurentides, Guy Côté

Ski de randonnée — Montréal, Guy Côté

Ski nordique de randonnée et ski de fond, Michael Brady

Technique canadienne de ski, Lorne Oakie O'Connor

Truite, la pêche à la mouche, Jeannot Ruel

La voile, un jeu d'enfant, Mario Brunet

Imprimé au Canada/Printed in Canada